E. THIRION

ESSAI DE SOCIOLOGIE

INTRODUCTION

**1re Partie : Les Origines.**

*I. Origine de l'Être vivant. — II. Le Moi. — III. L'Individu.*
*IV. Origine des Sociétés.*
*V. Le Travail. — VI. L'Evolution. — VII. La Solidarité.*

**2e Partie : Les Applications.**

*I. L'Idéal. — II. L'Etat. — III. Les Obstacles.*
*IV. La Monarchie. — V. La Centralisation. — VI. Les Monopoles.*
*VII. Les Religions d'Etat. — VIII. Le Syndicat des Mécontents.*

**3e Partie : Les Déductions.**

*I. Le Socialisme. — II. L'Individualisme.*
*III. Le Collectivisme. — IV. L'Etatisme. — V. Le Capital.*
*VI. Le Mutualisme. — VII. La Liberté.*

CONCLUSIONS

PARIS

LIBRAIRIE FISCHBACHER
(Société anonyme)

33, RUE DE SEINE, 33

1895

# L'INDIVIDU

E. THIRION

# L'INDIVIDU

## ESSAI DE SOCIOLOGIE

PARIS
LIBRAIRIE FISCHBACHER
(Société anonyme)
33, RUE DE SEINE, 33

1895

# INTRODUCTION

Parmi les doctrines sociologiques qui alimentent les polémiques quotidiennes, il en est deux qui réunissent le plus d'adhérents : l'Ecole *Individualiste* et l'Ecole *Collectiviste*. Une Etude ayant pour but d'en contrôler la valeur me semble venir à propos; et, s'il est bien hardi de l'entreprendre, j'ai la conviction que, même incomplète et insuffisante, elle peut contribuer à éclairer les indécis, sinon par son propre mérite, tout au moins par les contradictions et les confirmations dont elle deviendrait la cause. Si tout le monde n'est pas apte à résoudre les problèmes, le premier venu est capable de les poser, et c'est quelquefois rendre un service public que de le faire : il est de brillantes démonstrations dont l'origine se retrouve dans une hypothèse plus hardie peut-être que savante.

D'ailleurs ce problème intéresse la société humaine tout entière; et pourtant, dans les masses qui doivent en profiter ou en souffrir, bien mieux qui sont appelées à le résoudre, — puisque, sous un régime de suffrage universel, tout se détermine par des votes, — il n'y a peut-être qu'une infime minorité qui soit pourvue des connaissances indispensables pour donner un avis motivé. Quelque outrecuidance qu'il paraisse y avoir à intervenir en qualité de conseiller auprès de ces masses ignorantes, j'espère qu'on ne me déniera pas du moins le droit qui appartient à tout citoyen de dire comment il comprend la question, et comment il la trancherait s'il était appelé à se prononcer.

*Individualiste* ou *Collectiviste,* il est difficile aujourd'hui de ne pas être l'un ou l'autre. Déjà sans doute, effrayés des conséquences qu'amènerait l'application intégrale du Collectivisme, depuis surtout que des accidents électoraux leur ont donné accès au Parlement, et que le succès lointain de leur système semble devenir plus proche, les plus intelligents, ou les plus timorés, des Socialistes ont essayé de soutenir que leur doctrine était parfaitement compatible avec le libre développement de l'individu; ce sont les *Opportunistes* du socialisme, rien de plus. En fait, tout le monde comprend que le progrès social ne peut se faire que de deux manières : ou par le développement des individus aux dépens de la communauté, ou par l'affirmation de la communauté au-dessus de l'individu. Lequel vaut le mieux? Toute la question est là!

Mais d'abord, comme le conseille Voltaire, définissons les termes.

Etre Individualiste, c'est croire que le progrès universel n'est que la somme des progrès particuliers; que, plus il y a d'hommes instruits, intelligents, moraux, dans une société, plus cette société est instruite, intelligente et morale; mais aussi que, pour en arriver là, chacun doit sentir qu'il a intérêt à accroître son instruction, son intelligence et sa moralité, parce qu'il n'y a pas de lois, de décrets, d'administration qui puissent changer le naturel de l'homme, s'il n'y trouve lui-même quelque avantage. D'ailleurs l'homme étant né libre, la société doit le laisser tel, et c'est lui qui doit, et qui peut être le propre artisan de son malheur ou de sa félicité.

A quoi les Collectivistes répondent que ce fut

là le système de nos aïeux, grâce auquel la société humaine n'a fait que de lents progrès; que, de plus, ce système est brutal et mauvais, digne des animaux peut-être, puisqu'on les voit lutter entre eux pour l'existence, et ne s'améliorer, péniblement et lentement, que par la destruction des plus faibles et des plus mal organisés; mais que, au point de civilisation et de science où la race humaine est parvenue, elle se doit à elle-même de lui en substituer un plus savant, et surtout plus humain.

Ce système consiste à mettre en commun les éléments indispensables du travail et de la richesse, à régler exactement la production sur les besoins de tous, à donner à chacun l'instruction intégrale et à exiger ensuite de chacun la mise en œuvre, au profit de tous, des facultés ainsi acquises. Par ce moyen, la misère, les chômages, la concurrence, l'exploitation des uns par les autres sont radicalement supprimés.

Théoriquement, le système collectiviste est le plus séduisant des deux. Il reste à voir s'il est applicable. L'homme n'est pas une cire molle qu'un artisan façonne à son gré. Rien de ce qu'on tentera de lui faire faire ne réussira, si on lui demande un effort contraire à sa nature.

L'histoire est là pour nous dire qu'on a pu l'asservir, l'abêtir, le faire se détruire lui-même comme à plaisir, mais que rien ni personne n'a jamais réussi à le transformer. Tel il nous apparaît dans les récits de Moïse, d'Homère, d'Hésiode, de Thucydide, tel nous le trouvons encore aujourd'hui; ses passions, ses vices, ses vertus, ses besoins, ses aspirations sont les mêmes; les peuples à demi sauvages de l'Afrique nous le montrent tel qu'il a dû être en Europe avant les temps préhistoriques.

Alors pourquoi n'a-t-il pas, de tout temps, pensé comme pensent les Collectivistes d'aujourd'hui? Pourquoi même, au contraire, semble-t-il avoir plutôt marché vers le progrès dans une voie toute différente? Est-ce par inconscience? Est-ce parce que le Collectivisme ne pouvait être compris et appliqué que par un peuple déjà arrivé à un certain développement moral et intellectuel, et qu'ainsi cette longue préparation était nécessaire pour le mettre en état de jouir du bien-être complet que la science moderne lui prépare? Ou bien enfin ne serait-ce pas, tout simplement, parce que sa nature originelle, ses instincts irréductibles lui imposaient l'obligation de marcher perpétuellement dans cette voie longue, pénible, mais alors plus sûre, que les nouveaux révélateurs veulent lui faire abandonner ?

C'est là précisément ce qu'il importe de savoir avant de prendre un parti. Le bonheur général est le but, l'idéal certainement constant de l'humanité. Il importe peu qu'elle l'atteigne et le réalise par un moyen plutôt que par un autre. Il n'importe pas davantage que l'état social nouveau diffère complètement de l'ancien, s'il concorde avec les aspirations de l'homme, avec son essence même. Ne venez pas me dire que le bonheur égal pour tous, obtenu par un accord commun qui supprimera les efforts individuels, supprimera du même coup l'émulation, le progrès, la dignité de l'homme, si ces stimulants ne font pas partie essentielle de lui-même, s'ils n'ont été que des moyens temporaires, et pénibles, qu'il a dû employer, faute d'autres, avant d'arriver à cet état d'âme et d'esprit qui va lui permettre, sans eux, d'organiser le bonheur universel.

Et d'ailleurs est-il vrai que l'homme ait jusqu'à présent vécu en état de lutte avec ses semblables ? Est-il constant, comme le disent les Individualistes, que ce n'est que par une suite continue d'efforts qu'il est passé de la sauvagerie à la barbarie, de la barbarie à la civilisation toujours croissante qui est son état actuel ? Et, même si ce fait est prouvé, il faudra démontrer encore que ces efforts sont, non seulement la cause de ses progrès, mais aussi la résultante de son organisation naturelle, qui lui interdisait le succès par tout autre moyen.

Ainsi donc la solution du problème, tel qu'il se pose entre le Collectivisme et l'Individualisme, ne peut se trouver que dans une étude consciencieuse et approfondie des origines et de la nature de l'homme. Nous sommes d'accord sur ce fait que c'est le bonheur de tous ses membres qui est la fin, le but, l'idéal de la race humaine. La connaissance seule de l'homme peut nous indiquer les moyens qu'il doit employer pour y parvenir.

Tout autre procédé est plein de périls, non pour l'humanité qui, en dépit de systèmes plus ou moins rationnels, saura bien toujours reprendre sa voie naturelle et normale, conformément à ses instincts et à ses aptitudes, mais pour la génération actuelle, et quelques-unes de celles qui la suivront, dont nous ne devons pas engager à la légère le sort et les intérêts.

Car l'homme, après tout, est perfectible ; la simple comparaison entre son état présent et ce que l'on sait de ses commencements le prouve surabondamment. Si même, pris isolément et à l'état adulte, on ne le voit guère s'amender et s'améliorer, il est bien avéré que l'éducation et l'exemple modifient le naturel des enfants. L'essai suffisamment prolongé d'un état social meilleur, même sur une petite échelle, serait un enseignement suffisant pour faire, peu à peu, pénétrer dans les esprits le désir de l'étendre à toute une région et à tout un peuple ; toujours à la recherche du bonheur, l'homme ne résisterait guère à l'exemple d'un groupe plus heureux que les autres, et se résignerait bientôt aux sacrifices nécessaires pour l'imiter.

Sa nature, en effet, n'est peut-être pas tellement immuable qu'elle ne se prête à de certaines modifications, surtout quand elles ont pour but, et pour résultat, une amélioration évidente de ses conditions d'existence. Bien des vertus, communes aujourd'hui, ne sont devenues telles que parce que leur pratique a paru nécessaire pour vivre plus sûrement que dans l'état primitif. Voler et mentir sont des actes, non pas seulement fréquents, mais on pourrait presque dire nécessaires chez les sauvages ; ils font partie de leurs moyens de défense personnelle, dans un temps et dans un milieu où l'avantage de chacun prime de beaucoup l'avantage de tous.

Mais, par contre, si, au lieu de changer pour être mieux, l'un de ces deux systèmes l'entraînait à changer pour devenir plus misérable encore qu'aujourd'hui, par la même raison il refuserait de lui obéir. Et c'est précisément ce que nous montrera l'Etude projetée, puisque nécessairement, en analysant les doctrines de l'Individualisme et du Collectivisme, nous verrons leurs conséquences, et les conditions nouvelles d'existence que leur application entraînerait pour la société humaine.

Je ne désespère pas d'ailleurs d'arriver à une solution mixte qui participât des avantages de l'un et de l'autre, tout en respectant la nature fondamentale de l'homme, et en s'inspirant même des aspirations qu'il n'a cessé de poursuivre et des aptitudes héréditaires auxquelles il n'a cessé d'obéir, dans la longue lutte qu'il a soutenue contre la nature hostile, pour arriver à l'état social déjà meilleur dont il jouit aujourd'hui.

Je voudrais bien que toutes ces raisons me fissent excuser d'avoir entrepris d'écrire ce livre. J'ai du moins la chance, si je ne le réussis pas, qu'il passe inaperçu. Tant de gens aujourd'hui se mêlent d'écrire ! Mais si je cède à cette manie universelle, c'est que je lui trouve une certaine utilité. On a vu bien souvent, dans une simple conversation, un ignorant émettre une bonne idée. Plus on écrira, plus il y aura d'ignorants à qui pourra échoir cette bonne fortune ; et, après tout, plus tout le monde sera mis à même d'en profiter.

Dans une réunion peu nombreuse, chacun peut donner son opinion, et c'est tant mieux pour tout le monde ; dans les petites Républiques, comme la Suisse, on a recours au *Referendum* pour trancher une difficulté sur laquelle les pouvoirs publics n'ont pas pu se mettre d'accord, et la loi ainsi votée gagne une autorité qui la rend plus respectable que toute autre. Il viendra peut-être un temps où, grâce aux progrès mécaniques, il en coûtera si bon marché pour publier un livre, que presque tous les citoyens pourront faire connaître par écrit leur opinion. Il me semble que, ce jour-là, on sera plus près qu'aujourd'hui de découvrir les vérités qui nous sont cachées.

Or c'est de vérités successivement découvertes

que le progrès de l'humanité est fait. Mais dans ce labeur persévérant de l'homme il y a des degrés. A côté, quoique au-dessous du sculpteur qui crée un chef-d'œuvre, il y a l'humble praticien qui dégrossit la statue. Il me semble aussi qu'on doit quelque reconnaissance au travailleur modeste et persévérant qui, aidé seulement de l'intuition et du bon sens, prépare l'éclosion de vérités utiles que le génie seul sera capable, après lui, de mettre en pleine lumière, et de faire définitivement comprendre et adopter.

# PREMIÈRE PARTIE

# LES ORIGINES

## CHAPITRE I^er^

### ORIGINE DE L'ÊTRE VIVANT

Dans l'ignorance où nous sommes des conditions de l'existence des êtres vivants et de leur nature spéciale, nous en sommes réduits à des formules empiriques, à l'aide desquelles nous essayons de tromper notre curiosité.

Le minéral est-il aussi inerte qu'on le prétend? Les mouvements moléculaires que déterminent dans son sein les lois de l'affinité ont-ils quelque rapport lointain avec les transformations chimiques qui s'opèrent au sein des êtres dits organisés? Ces autres mouvements, déjà plus intentionnels en apparence, qui déplacent certains organes chez les plantes, notamment les organes de la reproduction, peuvent-ils être confondus avec les mouvements volontaires des animaux? On l'ignore; et pour essayer de préciser les idées encore si confuses que nous nous faisons de la nature, nous nous contentons de diviser les objets qui nous entourent en trois classes, auxquelles nous attribuons, faute de connaître toute la vérité, des propriétés spéciales : les *minéraux* qui ne vivent, ne sentent, ni ne se meuvent; les *végétaux* qui vivent, mais ne peuvent ni sentir ni se mouvoir; les *animaux* qui vivent et qui sont, en plus, doués de sensibilité et de mouvement.

Mais ces divisions sont tellement arbitraires et hypothétiques, que nous rencontrons encore, entre les deux règnes dits supérieurs, le Végétal et l'Animal, des êtres ambigus qui semblent participer de l'un et de l'autre, qui même parfois ont été classés, par des observateurs superficiels, parmi les végétaux ou parmi les animaux, selon qu'ils les rencontraient à telle ou telle période de leur vie; fixés au sol comme des plantes dans leur jeunesse et circulant librement dans leur état adulte; végétaux dans leur ensemble et composés, dans le détail, d'une agglomération de bêtes qui respirent, digèrent et se multiplient comme certains animaux inférieurs.

Sans entrer dans ces énumérations et ces distinctions, nous pouvons d'ailleurs, usant des découvertes antérieures, nous faire une idée suffisante, non des causes qui probablement nous échapperont toujours, mais des modes du développement de la vie dans les êtres organisés ; et il ne nous en faut pas davantage pour le sujet purement pratique que nous avons à traiter.

Un Être vivant est incontestablement une agglomération de cellules, ayant leur vie propre, leur naissance, leur développement et leur mort. Elles respirent, elles se nourrissent, elles se reproduisent ; et c'est très probablement l'affaiblissement général de leur race, leur multiplication de plus en plus insuffisante, qui amènent la vieillesse, puis la mort de l'individu qui est composé par leur assemblage.

On pourrait même aller plus loin dans cette explication. Chaque individu vivant peut se comparer à un troupeau de moutons. Un troupeau qui se reproduit constamment entre soi, sans apport de sang étranger, commence tout d'abord, après un certain nombre de générations, par former une *race*, reconnaissable à des caractères particuliers, bons ou mauvais, utiles ou nuisibles, que cette consanguinité fixe en les exagérant; puis à la longue, les forces vitales — quelles qu'elles soient — s'affaiblissent, la dégénérescence commence, s'accentue, et probablement, poursuivie pendant un temps suffisant, finirait par amener la disparition du troupeau tout entier.

En vain protesterait-on contre cette loi naturelle, reconnue par tous les éleveurs sérieux, par ceux notamment qui ont créé les races perfectionnées d'animaux domestiques. En vain lui opposerait-on la perpétuité de ce que les savants appellent encore *les espèces,* — suivant eux immuables, malgré Darwin et ses adeptes, — puisque nul ne sait le nombre des espèces disparues et les causes de leur anéantissement, et surtout puisque nous raisonnons dans l'hypothèse d'une race soumise constamment aux mêmes influences de milieu, c'est-à-dire de climat, de soins, d'alimentation, etc., tandis que, dans le cas d'une espèce naturelle, abandonnée d'ailleurs à tous les hasards des croisements, nul ne peut affirmer que mille circonstances extérieures, telles que les migrations, les modifications d'habitat, les altérations météorologiques, n'aient pu contrarier les effets nuisibles d'une consanguinité ininterrompue.

Ce qu'il y a de satisfaisant dans cette hypothèse, c'est qu'elle explique d'une façon très simple la naissance, l'accroissement, le dépérissement et la mort des êtres; mais elle ne suffirait pas encore pour nous donner la clef du grand problème : bien que toutes les cellules qui composent un organisme puissent être conçues comme originaires d'une seule cellule, et que cette cellule unique puisse tout simplement avoir fait partie d'un organisme précédent, le père ou la mère, notre esprit avide de tout savoir se heurtera encore à l'impossibilité de découvrir où la première des cellules vivantes avait puisé la force qui l'animait. Heureusement nos ambitions ne s'élèvent pas si haut.

Retenons seulement cette composition complexe des organismes. Quant à ce qui est des végétaux, elle est indéniable ; on peut les diviser presque à l'infini sans les faire périr ; un charme coupé à fleur de terre, repousse des rejetons, dont le plus fort, dominant et affamant les autres, deviendra un charme à son tour. Mieux encore, chacun des fragments détachés d'une plante est si visiblement composé de cellules identiques à celles qui composaient la plante entière, qu'en le plaçant dans des conditions favorables, il deviendra une plante complète, absolument semblable à celle de laquelle il aura été détaché ; c'est là ce que les jardiniers font tous les jours, par la *greffe*, la *marcotte* ou la *bouture*.

Il y a des animaux inférieurs chez lesquels se produisent encore des phénomènes analogues, que l'on peut couper en morceaux et dont on voit chaque morceau devenir un animal complet ; d'autres qui ont la faculté de reconstituer un membre qu'on leur enlève ; et même chez l'organisme le plus parfait et le plus complet de tous, chez l'homme, l'art du chirurgien est arrivé à exécuter des opérations si semblables à celles dont nous parlons plus haut à propos des plantes, qu'on les désigne sous le nom de *Greffe animale*.

Mais, parmi ces innombrables assemblages de cellules vivantes, il est une distinction capitale à faire : il en est où presque toutes les cellules ont à peu près les mêmes propriétés, les mêmes aptitudes ; chez d'autres, plus perfectionnés, les plus haut placés dans l'échelle zoologique, on voit s'appliquer cette grande loi naturelle à laquelle ont obéi, en se perfectionnant, les arts et les industries humaines : la loi de la division du travail. L'exemple le plus élémentaire en est donné par certains zoophytes qui semblent être composés d'une réunion d'animaux distincts, ayant chacun sa fonction physiologique particulière : l'un de ces étranges associés est chargé de l'absorption de la nourriture ; un autre de la digestion ; un troisième préside au mouvement général, etc., etc.

Tels sont également, mais sous une forme plus harmonique et moins grossière, les animaux supérieurs. Unis dans un ensemble plus parfait, mieux subordonnés les uns aux autres, leurs organes n'en sont pas moins chargés chacun d'une fonction spéciale, composés de cellules diverses et susceptibles de se multiplier par elles-mêmes, sans confusion avec les cellules qui composent les organes voisins, chacune ayant la propriété d'employer à des fins différentes le produit de l'alimentation commune.

Et alors on voit ce merveilleux spectacle de cellules musculaires, nerveuses, cérébrales, ayant toutes la même nourriture, et employant cette nourriture identique à la formation de cellules constamment pareilles à elles-mêmes, constamment différentes aussi de celles dont se composent les organes voisins. L'animal est devenu alors cette machine parfaite dont la physiologie nous dévoile le fonctionnement harmonique : les nerfs perçoivent les sensations et les communiquent au cerveau ; celui-ci, par l'intermédiaire d'autres nerfs, communique aux muscles sa volonté ; les muscles font mouvoir le squelette ou les organes intérieurs auxquels ils commandent ; toute la mécanique est mise en action, s'entretient et se renouvelle grâce à la nourriture que le sang lui apporte incessamment ; enfin quand le cœur, centre régulateur, cesse d'envoyer le sang usé dans le poumon et le sang régénéré dans tous les organes, les cellules s'affaiblissent, cessent de se renouveler, et meurent ; tout cet assemblage merveilleux rend alors, sous la forme de matériaux en apparence inertes, ses éléments constitutifs à la nature, qui reforme incessamment de nouveaux êtres de leurs débris.

C'est cette belle harmonie des choses qui sert de principal argument dans la démonstration de l'existence d'un Créateur. Une aussi parfaite ordonnance ne semble pas pouvoir s'être établie d'elle-même, et révèle au contraire une sagesse, une puissance qui ne peuvent appartenir qu'à un Esprit supérieur. Mais, comme cette existence de Dieu n'a jamais pu être que supposée par le raisonnement, et non prouvée par les faits, il est des philosophes indépendants qui, rejetant toute tradition hypothétique, ne veulent reconnaître que deux causes à tout ce qui existe : la *Force* et la *Matière*.

Les hommes ont bien tort de se disputer sur ces questions — heureux encore s'ils ne se brûlent pas tout vifs comme autrefois ! — car, au fond, ils sont peut-être plus d'accord entre eux qu'ils ne se l'imaginent. Ce qu'il y a de sûr, c'est que les Positivistes n'expliquent pas mieux la Force que les Spiritualistes n'expliquent le Créateur. La cause première reste également incompréhensible à tous, et les moins avancés sont encore ceux qui cherchent à la comprendre, car ils perdent à cette recherche un temps qui serait bien plus utilement employé à essayer d'expliquer et de comprendre la Nature.

Pour s'en tenir — et il me semble que c'est le parti le plus sage — à ce que nous voyons, à ce que nous pouvons même arriver à expliquer, au moins en partie, il ressort des considérations physiologiques qui précèdent que l'homme et l'animal se ressemblent sur presque tous les points. L'homme naît, vit et meurt comme les animaux ; il mange, il digère, il respire, il se reproduit exactement comme eux. Dans son état primitif, quand il n'avait pas d'autre préoccupation que la conservation, parfois assez difficile, de son existence, il a dû être — et il est encore dans certains pays et chez certaines races — dominé et guidé par les mêmes besoins naturels, obéissant aux mêmes instincts, et sujet aux mêmes passions égoïstes et brutales.

Et alors, du spectacle de la nature vivante, tel que nous essayions de l'esquisser tout à l'heure, on s'explique qu'il soit né dans des intelligences attentives et méthodiques, telles que celles de Lamarck, Darwin et Geoffroy Saint-Hilaire, ce système désigné aujourd'hui sous le nom de *Transformisme,* qui suppose que les classes, les genres, les espèces ne soient que le résultat de longues modifications éprouvées par la matière, sous la double influence du *milieu* et de la *sélection ;* c'est-à-dire, d'une part, des différences d'alimentation et de température, et, de l'autre, de l'amélioration successive des organismes, dont les plus résistants, les mieux adaptés à la lutte, survivaient seuls et restaient chargés de la reproduction.

Ce n'est là qu'une hypothèse, sans plus de fondement peut-être que celles sur lesquelles, jusqu'alors, la race humaine avait bâti toutes ses philosophies et toutes ses religions; mais elle semble mieux adaptée à l'état scientifique moderne; elle donne raison, non, bien entendu, de toutes les obscurités, mais du moins de quelques-unes de celles contre lesquelles nos ancêtres se sont si longtemps heurtés; enfin, elle a cela de bon que, contrairement à l'idée qu'ont essayé d'en donner ses plus acharnés adversaires, elle n'exclut pas le moins du monde l'idée d'un Créateur. Au lieu d'avoir créé, d'un coup, tous les organismes, même ceux qui ne semblent que des ébauches d'où aient dû sortir des types plus perfectionnés, on peut tout aussi bien le concevoir créant la matière et la vie, et leur imposant les lois selon lesquelles elles devaient évoluer l'une et l'autre, évolution dont nous ne verrions encore aujourd'hui qu'un état transitoire, mais non l'aboutissement définitif.

L'homme, alors, n'est que le couronnement temporaire de cette Evolution, qui doit probablement le transformer lui-même encore dans la suite de l'éternité. La vie universelle, accomplissant le cycle qui lui aura été imposé dès l'origine, va de progrès en progrès, laissant çà et là sur sa route des spécimens incomplets de ses efforts vers le mieux; d'autres pourtant ont survécu, en assez grand nombre pour nous donner une idée du chemin parcouru et des améliorations réalisées; depuis le végétal jusqu'au polype, depuis le polype jusqu'au premier vertébré, et depuis ce premier vertébré jusqu'à l'homme, ce serait comme une longue chaîne composée d'anneaux qui se reliaient tous entre eux, mais dont certains auraient disparu — jusqu'à ce que la science, toujours de plus en plus pénétrante, les ramène quelque jour à la lumière.

On objectera sans doute que l'homme se distingue de l'animal en ce qu'il est pourvu d'une âme immortelle; cet attribut, don divin, creuse entre eux un fossé infranchissable. Seulement, comme l'existence de l'âme humaine n'est pas plus incontestablement démontrée que l'existence de Dieu, nous retombons dans la même difficulté; si les Spiritualistes y croient, les Matérialistes la nient; rien ne nous empêche donc, cette fois encore, de nous en tenir à ce que nous voyons, à ce que nous pouvons expliquer et comprendre.

Il est vrai que, de nos jours encore, les Spiritualistes sont notablement plus nombreux que les Matérialistes. Est-ce une raison? Et d'ailleurs sont-ils tous aussi absolument convaincus qu'ils le disent ? Leur doctrine actuelle a celà de bon qu'elle permet une certaine attitude de progrès, de critique, d'indépendance d'esprit, sans risquer de les brouiller à fond avec les croyants. Elle est comparable au *Juste milieu* d'il y a soixante ans, qui, du reste, la pratiquait avec ferveur sous le nom d'*Eclectisme* et sous la direction de l'illustre Cousin. Elle est, à proprement parler, l'Opportunisme de la philosophie, fort en honneur et bien à sa place dans un temps où un vernis de christianisme recouvre bien souvent, au moins chez les transfuges de la Démocratie, la plus profonde indifférence religieuse.

Mais, si l'existence de l'âme n'est pas démontrée, ce qui saute aux yeux c'est l'influence indéniable du physique sur le moral, et la difficulté qu'éprouve à chaque instant ce que nous appelons notre âme à s'affranchir de la tyrannie qu'exercent sur elle les besoins, les excitations ou les défaillances de notre corps. D'autre part, si c'est l'âme, en nous, qui a la faculté de raisonner, de comparer, de créer les idées, j'ai essayé de démontrer dans un travail antérieur (1), en m'appuyant sur l'opinion d'écrivains de haute valeur, d'abord que les animaux supérieurs possédaient cette faculté à un certain degré, ensuite que l'homme lui-même, sans le langage, en serait resté au même point qu'eux. L'homme raisonne et modifie ses instincts parce qu'il parle; mais ses instincts sont les mêmes que ceux des animaux; il a la même origine qu'eux; tout ce que nous connaissons de l'origine de la vie, et de ses développements dans les êtres organisés, peut s'appliquer à lui comme aux autres.

Au surplus tout cela se tient; ceux qui admettent l'âme sont obligés d'admettre Dieu, et réciproquement. Notre âme ne nous est nécessaire que s'il y a un Dieu rémunérateur et vengeur pour la juger après la mort de notre corps; mais si nous sommes tout simplement le théâtre d'une lutte entre nos instincts originels et l'amour de la vie; si le raisonnement suffit à nous démontrer qu'en réprimant ces instincts, dans certaines circonstances, nous assurons la durée, la sécurité et l'agrément de notre exis-

(1) Voir *Morale et Religion* (Paris, Fischbacher).

tence, l'utilité de cette âme disparaît ; il ne lui reste plus que la fonction, qu'on lui attribue souvent, de glorifier son créateur en cherchant à s'égaler à lui. Et si ce créateur est assez grand pour se passer de cette glorification, assez bon pour ne pas chercher autre chose que le bonheur de ses créatures, il aura accompli son désir en les douant du langage qui, perfectionnant leur intelligence, leur aura donné un moyen, qui manquait aux animaux, de lutter contre la nature et contre elles-mêmes, pour acquérir un degré plus élevé de science, de bonté et de sécurité.

D'ailleurs, dans l'étude spéciale que nous avons entreprise, la question essentielle ne serait pas précisément de savoir si l'homme est, ou non, pourvu d'une âme, mais surtout si c'est cette âme qui constitue son individualité, son *moi*. Car ce *moi*, dont il nous va falloir tout à l'heure chercher l'origine, est, on le comprendra, ce qui nous intéresse le plus dans un travail ayant pour objet l'*Individu*. Je me permets de renvoyer le lecteur à l'ouvrage déjà cité (1), et dans lequel

(1) Voir *Morale et Religion*, p. 177 (Paris, Fischbacher).

j'espère avoir montré la probabilité de l'hypothèse positiviste, d'après laquelle l'âme apparaît comme si étroitement unie au corps, si complètement dépendante de lui, de son état de santé ou de maladie, de ses besoins, de ses défaillances et de ses passions, qu'il est bien difficile de la distinguer de l'intelligence, du raisonnement, de la sensibilité, considérées comme de simples fonctions du cerveau.

Mais, encore une fois, il ne s'agit pas ici de philosophie. Pas plus que la question de l'existence de Dieu, celle de l'existence de l'âme n'importe à la recherche que j'ai entreprise. Ne considérons ici l'âme que comme la faculté, supérieure à toutes celles des animaux, que l'homme a reçue, ou acquise, d'analyser ses sensations, de rassembler et de combiner des idées, et, pour le sujet tout particulier qui nous occupe, de se créer des habitudes, des besoins, des systèmes compatibles avec telle ou telle organisation sociale, à l'exclusion de telle ou telle autre. C'est pour cela seulement que nous cherchions l'origine de la vie chez l'être vivant, et que nous allons maintenant chercher comment il a pu prendre connaissance et conscience de son *moi*.

Car, quelles que soient la nature et l'origine de cette âme, elle fait trop visiblement partie intégrante de l'homme même pour ne pas le diriger dans la voie où il devra trouver le plus probablement son bonheur et sa sécurité. C'est tout ce dont nous avons à nous inquiéter pour le moment.

---

# CHAPITRE II

## LE MOI

Les organismes inférieurs se défendent mieux que les autres contre la destruction. Un végétal, comme nous l'avons déjà signalé, perd une partie de lui-même et la reconstitue sans difficulté ; outre la graine qu'il donne abondamment, il a d'autres moyens de multiplication dont nous avons également parlé, greffe ou bouture. Certains zoophytes ont des propriétés analogues, tellement même que longtemps on les a classés parmi les plantes. Les insectes, certains poissons, pondent leurs œufs par milliers, par millions quelquefois. En général, on peut dire que, plus on monte vers les animaux supérieurs, ceux que la force, l'adresse ou l'intelligence préservent le plus sûrement de la destruction, plus on voit diminuer leurs moyens de multiplication.

Et cela se comprend. Soit que la Nature, ou un Créateur, ait sagement raisonné le problème, et tout disposé pour la conservation des êtres ; soit que, suivant un système qui conquiert chaque jour des adhérents, les mieux armés pour la défense aient seuls survécu dans la lutte que se livrent tous les êtres vivants. Et non seulement tous les êtres entre eux, mais encore les éléments, la matière aux êtres vivants. L'eau, le feu, l'inondation, la sécheresse, les orages épouvantables des premières époques géologiques, les soulèvements bien plus fréquents et bien plus violents qu'aujourd'hui, menaçaient chaque jour la vie des êtres primitifs ; la terre et la mer s'envahissaient réciproquement, quoique avec lenteur, comme nous l'apprend l'étude des alluvions qui composent les continents actuels, et changeaient ainsi les conditions d'existence des êtres qui les habitaient ; et alors, en vertu d'un axiôme que la physiologie a adopté (la fonction, ou le besoin, crée l'organe), les organismes se modifiaient en même temps que leurs conditions d'existence, afin de s'adapter à leur nouveau milieu.

Mais il est aisé de comprendre qu'une faculté était particulièrement indispensable au vivant pour sa conservation et sa défense ; c'était celle qui pouvait le mieux l'avertir de la présence d'un ennemi, ou d'un danger : *la sensibilité*. Origine des sens, puis des idées, et d'abord des idées élémentaires qui sont accessibles à l'animal inférieur, cette sensibilité l'habitue à se distinguer de tout ce qui l'entoure, à en faire l'étude afin de connaître ce qui peut lui nuire ou ce qui peut lui profiter. Si confuse qu'elle soit, elle est nécessaire à tous les organismes, et elle existe très probablement chez tous. Ces vibrions, ces monères que les plus puissants microscopes nous font apercevoir par milliers dans une goutte d'eau, exécutent, au contact de corps étrangers, des mouvements qui prouvent qu'ils ont senti ce contact.

Cette série de chocs incessamment renouvelés, jointe d'ailleurs aux sensations non moi. s fréquentes que détermine le jeu des organes intérieurs, respiration, digestion, etc., a dû créer chez les premiers organismes une habitude, plus tard devenue consciente chez des organismes supérieurs. C'est là le germe de ce sens du *moi*, sans lequel il est impossible de se figurer une créature vivante; qui lui inspire le désir de prolonger sa vie, de la défendre, et même de la communiquer à d'autres êtres semblables à elle-même; qui est, pour ainsi dire, son essence même, car, sans lui, elle ne pourrait se distinguer de la masse organisée; qui dirige invinciblement toutes ses actions, et qui dans l'homme enfin, dernier effort actuel du perfectionnement incessant, est devenu l'ennemi, l'obstacle, le mal, contre lequel il lui faut lutter sans cesse, pour conserver la société qu'il est parvenu à fonder et la civilisation dont il est si ridiculement fier.

En effet, ce sens du *moi* qui, dans l'être primitif, est indispensable à sa protection, devient chez l'homme, et surtout chez l'homme réuni en société, l'obstacle à vaincre pour arriver au mieux. Et cela se comprend, puisque la société humaine ne peut se concevoir sans une certaine égalisation de tous les êtres qui la composent, et par conséquent sans l'abandon d'une certaine partie des supériorités naturelles de la part de ceux qui les possèdent. Il y a mieux encore : le sens du *moi* est tellement l'essence même de tout être vivant, qu'il n'a pas paru impossible de démontrer que c'est lui — l'Egoïsme — qui est la source, non seulement de ce que l'homme social a été amené à appeler défauts, péchés, vices et crimes, mais encore de toutes les vertus contraires qui sont le ciment de la société (1).

Que serait — je ne dis même pas un homme — mais seulement un animal qui n'aurait pas le sentiment de son *moi?* Petite masse de cellules, confondue dans la masse énorme de tout ce qui vit et se meut, quel moyen de défense aurait-elle; et même comment, et pourquoi seulement songerait-elle à se défendre ? On ne peut éprouver un besoin, celui de la faim par exemple, sans être amené à faire une distinction quelconque entre soi-même et l'objet dont on voudrait s'alimenter; et, par contre, quand on se trouve être soi-même la proie convoitée par un être plus puissant, comment ne pas s'habituer à le reconnaître et à le fuir ?

En admettant la doctrine de l'Evolution, il est aisé de comprendre que ce premier sentiment du *moi,* probablement inconscient chez les êtres élémentaires, a dû se faire de plus en plus conscient, au fur et à mesure que se créaient,

---

(1) Voir *Morale et Religion,* p. 328 (Paris, Fischbacher).

dans le perfectionnement universel, des êtres de plus en plus complexes, chez lesquels les facultés se différenciaient, donnaient naissance à des organes spéciaux, et, par exemple, se distinguaient, chez le même individu, en facultés purement organiques, telles que la respiration, la digestion, la génération, desservies par les mêmes organes que dans les animaux inférieurs, et en facultés de conscience naissant dans un système nerveux plus complet.

Autrement, il faudrait admettre que chaque race, à son tour, serait sortie du néant ; peut-être même toutes ensemble, et pourtant, par un caprice difficile à expliquer, douées chacune d'un degré différent de perfectionnement organique. C'est déjà moins vraisemblable que l'Evolution ; mais ce qui le serait encore bien moins, ce serait que le sens de la préservation personnelle fût différent dans chaque race, quand il nous apparaît incontestablement comme ayant chez toutes le même but : la conservation des individus et des espèces. Si bien que, quelque système que l'on suive, on ne peut nier que le *moi* ait une origine identique chez l'homme et chez les animaux. Cela suffit pour ce que j'aspire à démontrer.

En effet, ce qui, chez l'être inférieur, n'apparaît qu'à l'état d'instinct confus, se raisonne de plus en plus chez des êtres de plus en plus supérieurs. C'est d'abord la pure et machinale habitude de défendre sa vie, de l'entretenir chez soi et de la communiquer à d'autres ; quand le système nerveux se développe, chacune de ses fonctions se détermine par un plaisir, et, par suite, s'accomplit plus régulièrement et plus sûrement ; quand enfin ce système nerveux acquiert son couronnement — le cerveau — l'instinct devient conscience, le plaisir devient volupté, la défense de machinale devient volontaire, la préservation personnelle devient *l'Amour de la vie.*

C'est cet amour de la vie qui se transforme, en se perfectionnant, chez l'homme civilisé. Il cherche la sécurité dans une organisation sociale aussi bien pondérée qu'il lui est possible de le faire ; il s'impose des sacrifices en vue d'en obtenir de réciproques de ses semblables ; il imagine des lois morales où il trace les limites de ses devoirs, invente les idées d'égalité, de liberté, de justice, et — transportant dans ce monde artificiel les mots dont il désignait autrefois ce qui le menaçait ou le protégeait — les idées de

Bien et de Mal qui deviennent le fondement de sa philosophie. Et c'est ainsi que ceux qui ne voient que le moment présent imaginent l'homme guidé par l'*Amour du Bien,* tandis qu'il n'a pas cessé, comme dans son état primitif, d'obéir au seul Amour de la Vie (1).

Pure logomachie ! Car au fond, et sous ces deux formules différentes, c'est toujours le même but que poursuit l'homme d'aujourd'hui, comme le poursuivait l'homme d'autrefois. Si, quand il recherchait sa précaire nourriture et combattait ses ennemis et ses rivaux, c'était pour assurer sa vie, et tout au plus celle de sa famille, quand il travaille au maintien de la société qu'il a formée avec ses semblables, n'est-ce pas en vue des mêmes fins, puisque cette société n'a eu pour objet que la garantie de sa sécurité, et l'acquisition d'une force supérieure aux forces naturelles dont il avait été jusqu'alors l'esclave et la victime ?

Mais on ne peut rompre aussi brusquement avec les traditions et les préjugés ; l'homme ainsi compris et expliqué n'aurait rien de commun

---

(1) Voir *Morale et Religion*, p. 386 (Paris, Fischbacher).

avec le fils dégénéré d'Adam, pourvu d'une âme immortelle qui sera punie ou récompensée pendant l'*Éternité,* après une lutte dans laquelle son Créateur, sans pitié, ne lui ménage pas les tentations. A cette âme, il faut quelque chose de mieux, comme idéal, que la conservation de la vie du corps, puisqu'elle doit l'abandonner bientôt comme une enveloppe inutile et déplaisante ; et alors on lui a trouvé un but plus élevé : *le Bien absolu.*

L'Éternité et l'Absolu ! découvertes de l'homme périssable et contingent ! N'est-ce pas le comble de la démence? Au fur et à mesure qu'il pénétrait plus avant dans la connaissance de la nature, au lieu de se sentir d'autant plus petit qu'il voyait s'élargir le Tout dont il n'était qu'une infime partie, il en arrivait à rapporter ce Tout à un centre qu'il s'imaginait être lui-même : la Terre qu'il habitait et les animaux qu'elle nourrissait avaient été créés pour satisfaire à ses besoins ; le Soleil tournait autour de la Terre pour l'échauffer et l'éclairer ; seul peut-être l'espace incommensurable commence à l'étonner, à le faire réfléchir, à le faire douter de la réalité de ses rêves d'autrefois; mais son orgueil ne saurait encore renoncer à ce *Bien absolu* dont la recherche lui vaudra la prolongation de son être pendant l'*Éternité*.

En fait, ce bien change avec les générations successives : l'homme primitif n'entrevoit pas d'autre bien que l'abondance des biens matériels; l'homme civilisé comprend et réclame la Liberté, l'Egalité, la Justice; et déjà aujourd'hui nous considérons tous que les autres nous les doivent, si nous ne sommes pas encore tous disposés à les accorder aux autres. Et c'est là ce que la Philosophie appelle le Bien absolu, oubliant que les hommes de l'avenir en auront sans doute un autre plus étendu, mais que ceux d'aujourd'hui ne sauraient pas même s'imaginer.

Au surplus, que nous importe? La Liberté, l'Egalité, la Fraternité, la Justice sont notre bien actuel, c'est tout ce que nous avons besoin de savoir; nos ancêtres les plus éloignés ne les connaissaient pas; nos descendants peut-être auront trouvé mieux. Pour le moment, c'est notre *Bien absolu,* et, il ne faut pas l'oublier, c'est ce qui assure le mieux notre existence. Donc, l'Amour de la Vie et l'Amour du Bien ne font réellement qu'un.

Ce *moi* que l'homme primitif nous a légué est devenu sans doute, en nous, plus exigeant qu'il ne l'était; mais il n'en est que mieux resté le mobile unique auquel nous obéissons. Notre honneur est d'avoir solidarisé le bonheur de tous avec le nôtre, mais, encore un coup, c'est toujours notre bonheur que nous cherchons.

---

# CHAPITRE III

## L'INDIVIDU

Le *moi,* chez le seul être où il soit pleinement conscient de lui-même, chez l'homme, donne la notion d'*Individu.* Deux chiens sont deux chiens, et deux poules sont deux poules; deux hommes sont deux Individus différents. Nous envisagerons tout à l'heure ce mot — *Individu* — sous un sens particulier. Logiquement peut-être, en désignant un de ses semblables, l'homme devrait dire : c'est un autre animal que moi. Jaloux de se distinguer des animaux, il dit : c'est un autre individu que moi.

Si l'homme a existé, comme les animaux, à l'état isolé, il a dû, comme le fait un chien qui en rencontre un autre, mesurer de l'œil avec inquiétude tout autre homme qu'il rencontrait. Est-il plus fort, ou moins fort que moi, se demandait-il, ou d'une force égale à la mienne? Même en supposant que, comme tous les animaux timides, il ait toujours vécu en horde, et tout au moins par familles, sa plus grande, et probablement sa première préoccupation, dût être de savoir le rang que ses forces naturelles lui permettraient d'occuper dans cet embryon de société. Son désir le plus vif était de se sentir égal à tous les autres, afin de ne voir sa vie menacée par personne.

C'est ce que lui-même peut-être, mais assurément ses descendants, ont appelé : *l'amour de la liberté*. Mais, au fond, la liberté n'est là qu'une formule, et c'est bien l'égalité qu'il réclame; car il est évident que, égal à tous les autres, il est assuré de n'en voir aucun l'opprimer, lui donner des ordres, contrarier ses volontés, en un mot attenter à sa liberté; et, de cette façon, quand il se dit libre, il veut dire tout simplement qu'il n'a pas de supérieur (1).

Mais c'est si bien sa sécurité qu'il prétend

(1) Voir *La République utile*, p. 8 (Paris, Fischbacher).

garantir, en s'assurant l'égalité, qu'une fois cette égalité acquise, son plus vif désir est de la rompre à son profit, en essayant de se rendre supérieur à ses égaux d'hier. Car alors sa vie sera encore bien mieux garantie, quand chacun, autour de lui, lui obéira.

L'amour de la vie, d'ailleurs, ne pousse pas seulement à la conserver, mais aussi à en jouir le plus pleinement possible, à en étendre les limites, les manifestations, l'expansion, même aux dépens de nos semblables. La nature — ou le créateur — n'a eu en vue que la conservation des types, par le moyen de l'amélioration des individus; celui qui vit le mieux, qui se nourrit le plus abondamment, qui fortifie le plus son organisme, est logiquement désigné comme le meilleur reproducteur, et il entre dans le but de la cause première qu'il accomplisse sa mission, même en éliminant ceux qui valent moins que lui.

Tout cela est dur, cruel, indigne d'un Créateur plein de bonté? — Oui, avec la notion de l'homme doué d'une âme immortelle émanée de Dieu lui-même..... Et encore! s'il est vrai que d'éternelles tortures attendent la plupart de ces âmes, que nous voyons autour de nous — sinon en nous-mêmes — succomber aux suggestions du *Diable,* il faut avouer que la mort, si prompte peut-être mais définitive, est un sort moins rigoureux.

Quand nous nous représentons par la pensée ce que nous connaissons de l'Univers, et que nous essayons de nous faire une idée de ce que nous appelons l'*Infini,* la molécule vivante, même sous la forme la plus parfaite et la plus complète, l'homme, nous apparaît comme si peu de chose en comparaison, que nous admettons sans difficulté cette série de compositions et de décompositions dans laquelle naissent, vivent, meurent, se succédant et se remplaçant, tous les corps organisés semblables au nôtre. Même pour ceux qui admettent l'existence de Dieu, qu'importent à sa grandeur ces milliards de morts, si elles ont pour but de faire place à des organismes de plus en plus parfaits, à une harmonie de plus en plus complète entre tous les éléments de l'Univers, à une manifestation de plus en plus glorieuse de l'Esprit qui a conçu cette sublime mécanique et qui la gouverne?

Et alors on comprend que ce qui est dur, ce qui est cruel, c'est, non pas ce que Dieu ordonne, mais ce que les hommes commandent en son nom. Ce qui est dur ce n'est pas que l'homme meure, c'est que les hommes entre eux se fassent mourir de faim ; ce n'est pas que les lois de la Nature suivent leur cours pour l'amélioration générale, c'est que les hommes entravent ce cours naturel des choses au profit de quelques-uns d'entre eux seulement ; ce n'est pas d'être exposé aux cataclysmes, aux intempéries, aux révolutions de la matière, c'est d'être la victime de l'avidité ou de l'injustice de ses semblables.

Mais à quoi bon insister là-dessus ? Pour accuser l'auteur des choses, il faudrait au moins le connaître et pouvoir apprécier ses desseins. Dans l'ignorance où nous sommes, nous n'avons que des analogies pour nous guider, et celles que nous constatons, si nombreuses et si éclatantes, entre l'homme et l'animal, nous portent à reconnaître que tous deux doivent se conduire d'après le même principe, ce principe évidemment commun à tous les êtres organisés : l'Amour de la vie. Conscient et raisonné, il devient le sens du *moi*, l'Individualité, ce sentiment intime que tout être ressent, rien qu'en vivant, et qui lui permet de se distinguer de tous les autres.

Et même — sans pourtant vouloir entrer dans une discussion qui ne tient pas directement à notre sujet — on ne peut s'empêcher de remarquer que, dans cette conscience seule de son *moi*, on pourrait trouver une explication de cette supériorité de l'homme sur l'animal qui est un des arguments favoris de la philosophie spiritualiste. Ce qui est supérieur, chez l'homme, c'est le raisonnement; à force d'analyser les choses, il les grossit, les modifie, se les approprie, leur prête un caractère spécial, que la nature ne leur avait pas donné.

Ainsi, chez l'animal, l'amour est purement instinctif; sous l'impulsion d'un besoin physiologique, quand il est repoussé par une femelle, il s'adresse à une autre, indistinctement, et s'en contente. L'homme primitif a dû en faire autant; mais quand, grâce au langage, il a pu commencer à raisonner, tout a changé. C'est cette femme qu'il a voulu, et non une autre; il les comparait toutes, et en choisissait une, pour sa beauté, pour son caractère, souvent pour sa force musculaire, puisque c'était une ouvrière, autant qu'une amante, qu'il lui fallait.

De même le sens du *moi* s'est précisé chez lui, fortifié, motivé, par le même mécanisme cérébral. Evidemment l'animal tient à la vie, mais confusément, juste ce qu'il faut pour se défendre contre la destruction. L'homme n'y tient pas seulement, il l'apprécie; il en analyse les agréments, se les exagère même, et craint dans la mort, non seulement la perte de l'existence, mais celle de tous les plaisirs qu'elle comporte et qu'il a su y ajouter; et c'est ainsi que, confirmé, exalté par le raisonnement, l'amour de la vie en arrive à lui inspirer le désir d'abord, et bientôt même la certitude de son immortalité.

C'est le même désir de vivre, de mieux vivre, de vivre aussi pleinement que possible, qui a conduit l'homme à s'unir à ses semblables pour former les sociétés. C'est lui qui, comme nous le disions plus haut, le pousse à se rendre l'égal, sinon même le supérieur, de tous les membres de la société dont il fait partie. C'est lui enfin qui contribuera au développement de ces sociétés, au progrès de la civilisation, en incitant chaque *Individu* à se développer moralement et physiquement au plus haut degré, de façon à accroître son influence sur les autres, et par conséquent sa sécurité personnelle.

Et en effet, dans toute société, même la plus primitive, celui qui est, ou que l'on croit le plus utile à tous est le plus considéré, le plus respecté; sa vie devient sacrée pour les autres, à proportion du besoin qu'ils ont de lui. Que ce soit parce qu'il les fait triompher de leurs ennemis, ou parce qu'il amène l'eau sur leurs récoltes, ou parce qu'il les guérit de leurs maladies, il se distingue de ses contemporains, leur impose son autorité, et peut même vivre à leurs dépens, en récompense des services, réels ou imaginaires, qu'il leur a rendus.

C'est surtout celui-là qui, dans la masse des inconscients et des instinctifs, émerge et se distingue; c'est lui surtout qui mérite le nom d'*Individu*. Aujourd'hui encore on dit volontiers en parlant d'un homme supérieur : c'est une Individualité. L'être qui vit, ou pour mieux dire qui végète dans les rangs inférieurs de l'humanité, sans autre aptitude que l'aptitude aux travaux physiques, sans autre désir que le désir, qu'il a de commun avec la brute, de trouver chaque jour la nourriture nécessaire à lui et à ses petits, sans autre joie que celle qui accompagne la satisfaction des besoins naturels, ou le repos après la fatigue, nous ne lui reconnaissons pas le droit au titre d'*Individu*. Il n'est que la matière première qui, façonnée par l'instruction, améliorée par l'exemple, perfectionnée de génération en génération par les forces héréditaires, servira à créer les *individus,* c'est-à-dire les hommes supérieurs, utiles aux autres, ceux qui contribuent par leurs efforts personnels à la lente ascension de l'humanité dans le progrès.

Athènes, au temps de Démetrius de Phalère, avait 300.000 habitants, et 20.000 citoyens : le reste, à part les femmes et les enfants, n'était que des esclaves. Combien encore y avait-il d'*individus* dans ces 20.000 citoyens? Et combien hélas! de nos jours, parmi les dix millions d'électeurs français?

Pour mieux préciser — puisque, après tout, c'est là le sujet fondamental de cette Etude — un *Individu* c'est l'homme qui a le droit de manifester sa volonté. Volonté, Liberté, c'est tout un; il n'y a de vraiment libre que celui qui a une volonté; l'esclave subit celle de son maître; l'obligé celle de son bienfaiteur; le gouverné celle de l'Etat; nommer les représentants de l'Etat, et les changer périodiquement, c'est la liberté relative, mais suffisante pour l'homme social d'aujourd'hui.

Aussi, si le ministre, le député, le conseiller général ou municipal, le maire, sont des *Individus,* tout homme maître de sa volonté en est un également. L'artiste, l'avocat, l'écrivain sont des *Individus,* parce que leur talent les rend indépendants du pouvoir ; mais les fonctionnaires de toute sorte ne le sont que dans une faible mesure, puisque leur volonté, leur conscience sont assujetties à l'ordre que leur donne leur supérieur hiérarchique. Par contre, on peut devenir un *Individu* dans les situations sociales les plus humbles : le petit cultivateur qui gagne péniblement sa vie sur la terre qu'il a acquise à force de privations et de travail, l'ouvrier même qui a pu, sur son maigre salaire, économiser le pain de ses vieux jours, ne dépendent strictement de personne, ont conservé la libre disposition de leur volonté, et sont des *Individus* — dans la juste mesure où l'instruction et le raisonnement ont affranchi leur puissance cérébrale.

L'animal est un être vivant, organisé, comme l'homme. Ce qui le distingue, c'est qu'il n'a pas de volonté. En dehors du sens de la conservation personnelle, qui leur est commun à tous deux, il est déterminé, dans ses actes, par les influences accidentelles, par l'éducation s'il est domestique, par l'instinct reçu de ses auteurs s'il est sauvage. L'homme seul, pourvu du langage qui lui permet de communiquer ses pensées à ses semblables, de les modifier par la contradiction, de les fixer par l'exemple, peut se donner une règle, des principes de conduite, une *Individualité.* Quelques-uns en arriveront même à imposer leurs pensées aux autres ; sans aller jusque-là, il suffit de pouvoir conserver ses propres pensées, et d'y conformer sa conduite, pour être un *Individu.*

J'espère maintenant avoir fait suffisamment comprendre le sens, un peu forcé peut-être, mais bien précis, que j'attache à ce mot : *Individu.* Un autre terme eût sans doute été préférable, et eût plus nettement exprimé mon idée, s'il eût existé. Mais je crois bien qu'il n'existe pas. On dit d'une façon plus emphatique, mais non plus précise : *un personnage.* Ou bien, à l'aide d'une périphrase : *un homme d'élite, un homme supérieur.* C'est encore ce que, dans le langage familier, on appelle *quelqu'un.* Être quelqu'un, c'est bien en effet sortir de la foule, se distinguer, mais par ses qualités plutôt que par ses titres ; ce qui explique pourquoi nous voyons tant de gens qui tâchent d'être *quelque chose,* pour se consoler de ne pas pouvoir être *quelqu'un.*

Mais en résumé, et puisqu'il s'agit de désigner ce que produit précisément le développement de l'*Individualisme,* il est tout indiqué de se servir du mot *Individu.* En effet, l'étymologie nous montre dans l'Individu un être isolé, séparé de la masse, *Indivisible,* c'est-à-dire ayant sa valeur propre, faisant un *Tout.* La plupart des hommes sont confondus dans l'humanité, ou dans la nation, obéissent servilement à des ordres, ou à des exemples; mais tous ceux qui prennent conscience de leur *moi,* aspirent à se distinguer des autres, à prendre une valeur propre, à devenir des *Individus.*

Maintenant nous allons voir naître et se multiplier les Individus dans l'Evolution des sociétés humaines; et, en ayant soin de bien fixer et définir leur rôle, j'espère qu'il deviendra plus facile de résoudre le problème que nous avons posé au début de ce livre.

Mais tout d'abord posons ce principe, dont la démonstration va suivre, à savoir que, plus la société humaine se développe et progresse, plus le nombre des *Individus* augmente dans son sein. C'est la condition même du progrès. Plus les parties d'un Tout ont de valeur, plus la valeur de ce Tout augmente. Plus les organes d'un mécanisme quelconque sont bien compris et solidement établis, plus le mécanisme fonctionne avec force et régularité. Une autre comparaison suggérée par ce que nous a montré précédemment l'étude de l'Être vivant, fera mieux comprendre encore cette solidarité du tout et des parties; et en même temps il en ressortira une conclusion qui aura sa valeur dans un travail sociologique, à savoir que non seulement le nombre des *Individus* s'accroît parallèlement au développement de la société humaine, mais encore que cette société puise sa force et ses conditions de résistance précisément dans l'accroissement de la valeur propre de ses membres.

En effet, une société, une nation, un Etat, pourrait sans difficulté se comparer à un Être vivant, tel que nous le décrivons plus haut, c'est-à-dire composé de cellules ayant chacune sa vie propre et la faculté de donner naissance à d'autres cellules semblables à elle-même. Chaque citoyen d'un Etat est une des cellules qui le composent. Or nous avons vu que l'Être est vigoureux ou faible, en accroissement ou en déclin, selon que ses cellules composantes sont elles-mêmes en bonne ou en mauvaise santé. De même quand une société est composée d'hommes savants, intelligents, sages et sobres, elle acquiert une force de résistance qui lui eût manqué si tous ses membres avaient conservé les vices, physiques et moraux, de l'homme à l'état sauvage. Par ses guerriers d'abord, elle s'enrichit aux dépens des autres sociétés ses voisines. Plus tard, par ses savants, elle domine, écarte, ou même domestique à son usage les forces naturelles. Toujours, et à quelque degré que ce soit de son évolution, elle progresse, s'améliore et grandit par le travail de ses membres d'élite, des *Individus*.

C'est ce qu'il va être facile de démontrer, en étudiant l'origine et le développement des sociétés.

# CHAPITRE IV

## ORIGINE DES SOCIÉTÉS

L'homme a-t-il commencé par vivre seul, comme vit l'orang-outang au fond des forêts vierges de Sumatra? Ce n'est pas probable. Il est frugivore, comme lui; mais il est bien plus faible; il a dû, de tout temps, s'associer pour mieux se défendre. En tout cas, isolé il eût été un animal comme l'orang, et non pas un homme; il n'eût pas parlé. Il est facile de comprendre que le langage, n'ayant pour cause que la nécessité de communiquer ses pensées, n'a pu naître et surtout se développer que parmi des êtres vivant en société.

Que, du reste, la société ait précédé la faculté du langage, cela se conçoit : plusieurs races animales s'associent entre elles, telles que les ruminants par exemple. De plus, il est à remarquer que, presque toujours, ce sont précisément les races les plus douces, les plus timides, tout spécialement herbivores, et les moins bien armées pour la défense.

C'est la même cause qui a dû pousser l'homme à vivre en société. Dans son état primitif, il était parmi les êtres faibles ; si robuste que nous puissions nous l'imaginer, il était encore une proie facile pour le lion ou le tigre. Plus tard, les premiers avantages qu'il avait retirés de cette union avec ses semblables ont dû l'encourager à persévérer dans cette voie; la vie pastorale, puis la culture du sol, la domestication de certains animaux et des végétaux alimentaires n'étaient possibles qu'à cette condition ; la défense contre les forces naturelles, inondations, ouragans, n'était pas accessible à un homme isolé. Enfin plusieurs générations, nées successivement dans ce nouvel état, transmirent à leurs descendants une aptitude correspondante : *le sens social.*

Le germe des sociétés humaines a dû être la famille. Tout d'abord le père et la mère restent unis pour élever et protéger les petits, dont l'enfance se prolonge pendant des années. Les petits eux-mêmes, jusqu'à ce qu'ils aient fondé une famille à leur tour, ont l'existence plus assurée tant qu'ils restent groupés autour des parents, dont la force supérieure d'abord, et ensuite l'expérience, rendent la pêche et la chasse plus abondantes, la lutte plus facile contre les bêtes féroces ou contre les familles rivales.

Plus tard, quand l'homme, gravissant le premier échelon du progrès social, est devenu pasteur, de nouvelles conditions d'existence consolident l'union des membres de la famille. Le soin des troupeaux exige un personnel plus nombreux ; les femmes sont occupées sous la tente, dans les premiers essais d'industrie (filage et tissage de la laine, préparation des peaux, fabrication du beurre et du fromage) ; la richesse accrue est davantage jalousée et menacée par les voisins restés à l'état nomade, et réclame pour sa protection le concours de tous les bras valides de la famille.

Alors on voit plusieurs générations successives agglomérées sous la direction de l'aïeul, le Patriarche ; les fils, petits-fils et arrière-petits-fils obéissants conduits par lui au combat, ou surveillant par ses ordres le troupeau commun au pâturage ; retenus dans cette dépendance bien plus, à la vérité, par l'intérêt personnel, par la nécessité de se défendre, eux, leur famille et leurs biens, que par ces vertus idéales que les poëtes ont attribuées aux ancêtres de la race humaine, pendant un âge d'or qui n'a existé que dans leur imagination.

Il suffit, en effet, pour apprécier à sa juste valeur la moralité de ces peuples pasteurs, de se rappeler le tableau le plus exact que la tradition nous en ait laissé, dans le premier livre de la Bible Hébraïque : les fils de Noé, la naissance et l'abandon d'Ismaël, le sacrifice d'Isaac, les fourberies de Jacob. Au surplus le tableau des vices de Sodome montre bien que, même aux temps primitifs que symbolise Abraham, les villes, — ou tout au moins ce que l'on pouvait alors désigner sous ce nom, très probablement de faibles agglomérations de laboureurs, et des quelques ouvriers du fer et du bois que comportait ce nouveau stade de la civilisation — les villes étaient le réceptacle des plus horribles impuretés.

L'Agriculture, néanmoins, fut un nouveau pas en avant de la civilisation humaine. Elle fixa les nomades sur un territoire qu'ils s'approprièrent, qu'ils apprirent à cultiver et qu'ils durent se préparer à défendre. Elle régularisa l'alimentation, en joignant les fruits du travail agricole aux produits fournis par les animaux domestiques. Elle obligea les hommes à se soumettre certains de ces animaux, pour s'en faire des auxiliaires. Elle développa leur industrie, par la fabrication des outils élémentaires dont elle exigeait le concours. Elle donna l'idée de la propriété qui, en récompensant le travail, devint le stimulant le plus énergique de tous les arts, de tous les progrès, de toutes les améliorations de l'existence humaine.

On a beaucoup disputé sur le genre de propriété adopté par les premiers hommes. Etait-elle individuelle ou commune ? Elle a été très probablement l'un et l'autre ; la propriété foncière était certainement commune dans chaque tribu de pasteurs ou de chasseurs, personnelle probablement chez les peuplades exclusivement agricoles. Quant à la propriété mobilière, elle a de tout temps été personnelle, et il serait même difficile de se la figurer autrement. Mais, même si ces conjectures sont fausses, ce qu'il y a d'incontestable, c'est que la civilisation n'a commencé à progresser sérieusement que quand la propriété personnelle a été garantie. Encore aujourd'hui le même fait se constate chez les petites sociétés barbares de l'Afrique et de l'Océanie.

Mais de longs siècles se passèrent avant d'en arriver là. Même au temps des peuples pasteurs, certaines familles, moins aptes que les autres à la vie laborieuse et tranquille, trouvaient plus commode de vivre aux dépens de celles qui élevaient les moutons ou les vaches, ou qui cultivaient les céréales. Ces brigands envahissaient la nuit les tentes, ou les maisons de terre qui abritaient les travailleurs, pour leur ravir le fruit de leurs peines, ou bien détournaient quelques têtes de bétail dans les pâturages les plus éloignés. Il fallut s'armer pour se défendre, et les plus adroits ou les plus forts, parmi les jeunes gens, furent spécialement chargés de la garde des troupeaux.

Peut-être bien commença-t-on par tout tuer dans la bataille, ou après. Cependant quand, par hasard, on pouvait s'emparer des femmes, on ne tarda pas à les épargner, jeunes pour figurer parmi les concubines du chef, vieilles pour suppléer les femmes de la tribu, ordinairement chargées, non seulement des soins de l'intérieur, mais encore du peu de culture consacrée à l'alimentation générale. Bientôt même, on trouva plus commode encore de réduire en esclavage les ennemis vaincus, et de les faire travailler à la place de leurs maîtres; de là probablement naquit un préjugé fatal qui retarda pendant de longs siècles le progrès de la civilisation, en faisant regarder le travail comme une œuvre servile, et l'oisiveté comme l'apanage de la noblesse.

Voilà réunis les éléments des sociétés primitives, d'où sortiront, après une longue incubation, les sociétés d'aujourd'hui, germes à leur tour de sociétés nouvelles dont nous ne pouvons même prévoir l'organisation. Sous cette réserve toutefois, que, si une étude suffisante du passé permet de préciser des lois selon lesquelles l'évolution se soit constamment faite, il semble bien que nous ayons le droit d'affirmer qu'elle se continuera suivant les mêmes lois, pour arriver à la société de demain.

Pour le moment, prenons ces éléments dont nous venons de constater l'origine, et voyons-les en action. Il est bien entendu que c'est parmi les peuplades fixées au sol que les progrès ont pu se faire, et que c'est spécialement ces peuplades qu'il faut étudier. En Afrique, une fois arrivés à ce point élémentaire de civilisation, les nègres se construisent des habitations fixes, groupées autour de celle d'un chef, qui prend souvent le titre de Roi. Autant de villages, autant de rois. Tout au plus s'établit-il parfois, entre plusieurs de ces roitelets, quelques rapports féodaux. Ce fut là, selon toute apparence, l'organisation des sociétés formées par les races blanches également. On en voit la preuve dans la Genèse, quand Abraham, armant ses serviteurs au nombre de trois cent dix-huit, met en déroute les armées de quatre Rois, lesquels venaient d'en battre cinq autres, et s'étaient emparés de son neveu Loth, de sa famille et de ses biens.

Que fallait-il pour être Roi dans ces peuplades? Tout simplement être le plus courageux et le plus fort. Sans cesse menacés ou en guerre, les hommes suivaient volontiers celui qui pouvait le mieux leur assurer le triomphe, c'est-à-dire la conservation de leurs biens pour ceux qui étaient attaqués, l'acquisition du butin pour ceux qui attaquaient les autres. Le plus cruel aussi probablement, car plusieurs compétiteurs devaient se présenter pour cette fonction suprême, et le plus souvent on n'y parvenait que par l'entière destruction de ses rivaux. Mais nous l'avons déjà dit : en dépit des poètes, le prétendu âge d'or n'était pas l'âge de la modération et des scrupules.

Une fois arrivé à cette situation, on était chef à la guerre et juge pendant la paix, comme Josué ou Samuel chez les Hébreux. Cette fonction de juge avait probablement pris naissance dans la nécessité de partager équitablement le butin après la victoire, comme on peut le voir dans Homère. Et ainsi se réalisait, au profit de quelques-uns seulement, ce désir constant de l'homme d'assurer sa sécurité en étant égal, ou mieux supérieur, à ses semblables. Quant à la masse opprimée, elle se consolait, d'abord par une existence un peu mieux garantie que dans l'isolement, et ensuite en se voyant l'égale de tous, sauf un seul.

Car dans chacune de ces petites sociétés, on peut dire qu'il n'y avait qu'un seul *Individu*, au sens où nous l'entendons : le Roi. Tous les autres, soumis à une commune obéissance, ne comptaient pour rien; lui seul décidait la paix ou la guerre, fixait l'impôt à son profit, ou pour mieux dire déterminait les parts de chacun dans le butin, ou l'étendue de terre à cultiver, ainsi que la part qui devait lui revenir dans les récoltes. Mais bientôt un pouvoir rival s'élevait en face du sien, l'obligeait à capituler, et parfois même se substituait absolument à lui. A côté du Roi, le Sorcier, le Prêtre ne tardent pas à se montrer dans ces sociétés primitives.

L'homme, même instruit, a peur de ce qu'il ne peut expliquer. A bien plus forte raison l'homme si profondément ignorant des premiers âges. Le courage moral a, de tout temps, été plus rare que le courage physique; tel grognard chevronné et décoré du premier Empire n'aurait pas osé, la nuit, traverser seul un cimetière. La foudre qui les tuait, les orages qui détruisaient leurs récoltes, les bruits mystérieux des forêts profondes où dormaient leurs ancêtres, épouvantaient souvent plus les premiers hommes que l'ennemi armé qui les frappait dans le combat.

Mais aussi la supériorité que donne l'intelligence dépasse souvent celle qui s'acquiert par le courage et la force brutale. Quelques-uns, plus réfléchis que d'autres, mieux trempés peut-être, ou bien fortifiés par des enseignements transmis de génération en génération, avaient découvert quelques secrets, quelques lois naturelles, et pouvaient, grâce à ces connaissances supérieures, exploiter la crédulité de leurs contemporains.

Ou bien ils soumettaient le Roi lui-même à leur empire, ou bien ils s'entendaient avec lui pour fortifier, l'une par l'autre, leurs deux souverainetés. — Adroite combinaison qui, sous le nom de *Alliance du trône et de l'autel,* s'est continuée jusqu'à nos jours, et a si longtemps maintenu les pauvres humains dans l'ignorance et la servitude !

Annoncer une éclipse de soleil à ceux qui croient que le Soleil est un Dieu, et leur persuader que ce Dieu les menace ainsi de sa colère ; promettre de la pluie au laboureur dont la sécheresse va détruire la récolte ; assurer la vie sauve à ceux qui porteront sur eux certaines amulettes ; offrir le succès dans toutes leurs entreprises aux croyants qui feront les plus riches offrandes au Dieu, et à ses prêtres ; et, par-dessus tout cela, avoir affaire à des esprits assez crédules pour rester persuadés que ce n'est pas la faute du devin quand la prophétie ne s'est pas réalisée — en voilà bien assez pour s'assurer dans la tribu une situation prépondérante, et pour vivre gratuitement aux dépens des travailleurs ignorants.

Tels sont les sorciers chez les nègres de l'Afrique ; les bonzes dans l'Indo-Chine ; tels ont été les moines de toute robe au moyen-âge; tels ont dû être, dans les peuplades primitives, ceux qui cherchaient à asseoir leur supériorité sur l'intelligence plutôt que sur la force, sur la ruse plutôt que sur le courage; telle nous voyons, du temps de Moïse, la tribu de Lévi se consacrant tout entière, et à perpétuité, à la garde de l'arche sainte et à l'interprétation de la Loi, laissant aux autres Hébreux le soin de labourer, semer, récolter, et celui aussi de porter les armes; mais se faisant attribuer, pour son entretien, la dixième partie de tous les produits du sol.

Il est tellement naturel à l'homme de chercher son avantage aux dépens de ses semblables, que l'on put bientôt voir une nouvelle caste se former dans ce but. Quand les agglomérations devinrent assez grandes pour avoir besoin de disposer presque constamment d'une force armée, les plus forts, les plus vaillants — ce qui ne veut pas dire les plus courageux travailleurs — se consacrèrent au service militaire, et réclamèrent, en revanche, des privilèges assez semblables à ceux que les prêtres s'étaient attribués. Ainsi naquit dans l'Inde la caste des guerriers, qui existait très probablement aussi dans les grands et antiques Empires de l'Egypte et de la Chaldée.

Seulement, partout la caste des guerriers était inférieure, en rang et en considération, à la caste des prêtres.

On peut faire honneur de cette distinction à la race humaine, en la voyant ainsi mettre les qualités du cerveau au-dessus de celles du corps. Mais on pourrait aussi bien en incriminer sa stupidité et sa poltronnerie, puisqu'elle marquait ainsi une crainte bien plus grande du danger qu'elle ignorait que de celui qu'elle pouvait pleinement apprécier, puisqu'elle accordait plus de respect à ceux qui la trompaient, qu'à ceux qui risquaient leur vie pour la défendre. Mais peut-être ne nous appartient-il pas de jeter la pierre aux hommes de ces temps reculés, puisqu'ils agissaient sous l'empire de croyances aveugles, et que nous ne savons pas — à quelque religion ou à quelque science que nous soyons assujettis — si les hommes de demain n'auront pas de bonnes raisons pour nous juger aussi sévèrement que nous jugeons ceux d'hier.

Ainsi déjà, dans les sociétés humaines les plus primitives, trois *Individus* s'élèvent au-dessus de la masse, et même souvent s'entendent pour vivre à ses dépens : le Roi, le Prêtre, le Guerrier. Dans l'évolution continue, cette masse fera effort pour conquérir, homme par homme, l'égalité avec ses oppresseurs; et de là naîtra l'accroissement continu, dans chaque société, du nombre des *Individus*.

---

# CHAPITRE V

## LE TRAVAIL

On a fait grand honneur à la religion chrétienne de la suppression de l'esclavage. Et il est vrai que, remplis d'un esprit de fraternité dont la source est dans les Evangiles, les premiers chrétiens se recrutaient indistinctement dans tous les rangs de la société, même parmi les esclaves.

Mais quand, de secte secrète et persécutée, elle devint religion dominante, et s'assit sur le trône même des Empereurs ; quand elle n'eut plus à lutter pour vivre et s'accroître, et que, comme un prolétaire devenu bourgeois, elle passa du côté des conservateurs, il n'est pas moins vrai qu'elle respecta à peu près exactement l'organisation sociale de l'ancien monde, y compris l'esclavage qui en était la base.

Or, pour devenir quelqu'un — pour passer à l'état d'*individu* — il ne faut pas être assujetti aux préoccupations de la vie matérielle; le savant qui scrute les secrets de la nature, l'artiste qui glorifie son pays et son époque par des monuments grandioses, le juge qui formule les axiômes du droit universel, le politique qui dirige les destins du peuple, le stratège qui organise et conduit ses armées, le négociant qui amène sur le marché national l'abondance des denrées utiles, tous ceux enfin, quels qu'ils soient, qui contribuent à la prospérité générale ont eu besoin de loisir, et par conséquent d'une certaine avance de capitaux, pour acquérir les connaissances nécessaires, ou pour les mettre en œuvre au profit de tous.

Mais ces capitaux, source indispensable du loisir, l'homme de tous les temps, celui d'autrefois aussi bien que celui d'aujourd'hui, n'a jamais pu trouver d'autre moyen de les acquérir que par le travail. Or, travailler étant œuvre servile et déshonorante, celui qui voulait gagner de l'argent était obligé de faire travailler des esclaves à son profit, et c'est ce qui explique ce petit nombre d'hommes libres que signale le dénombrement de la population d'Athènes dont il est parlé plus haut. La rivale d'Athènes, Sparte, en donne un exemple encore plus concluant; elle avait voué à la guerre tous ses enfants, et n'avait trouvé rien de mieux, pour les affranchir de tout travail, que de les faire servir, nourrir et entretenir de toutes choses utiles par un peuple entier maintenu dans l'esclavage.

C'est cette même constitution civile qui se maintint pendant des siècles dans la société christianisée. Tout au plus, par une sorte d'hypocrite concession aux maximes de l'Evangile, semble-t-elle répudier l'esclavage *personnel;* le serf, le colon même, n'appartiennent pas nominativement à l'homme pour le compte duquel ils travaillent, mais ils sont légalement et irrévocablement fixés au sol qu'ils cultivent, en font en quelque sorte partie intégrante, se vendent et s'achètent avec la terre, et n'ont gagné qu'un changement de nom, dans ce que l'on a longtemps appelé leur affranchissement.

Il n'est pas de notre sujet de raconter comment cette terre, avec les serfs qu'elle portait, se distribua entre les Gallo-Romains et les Germains envahisseurs; comment elle se divisa entre les compagnons de chaque chef de guerre; comment les obligations réciproques de ces différents possesseurs créèrent le droit féodal; il est bon seulement de constater que les évêques d'alors, les abbés, les prieurs, figurent au rang des plus grands propriétaires, afin de bien faire voir que ce n'est pas l'Eglise qui a détruit l'esclavage.

L'esclavage a été détruit par le travail. Quand un peu d'ordre se mit dans ce chaos qui suivit la conquête; quand surtout le contact de l'Orient eût donné aux Chevaliers, aux Barons, aux Princes le goût du luxe et des fêtes, le produit de leurs domaines ruraux devint insuffisant pour ces dépenses nouvelles; moyennant une somme une fois donnée, ou une redevance annuelle, ils vendirent leur protection d'abord, et bientôt même des droits à une certaine liberté, aux artisans qui vinrent se fixer dans les petites villes bâties à l'abri de leurs châteaux forts. Cet argent revenait presque toujours à sa source pour payer les armures, les étoffes, les parures fabriquées par ces artisans affranchis, qui s'enrichissaient de plus en plus, et fondaient ce troisième ordre, ce Tiers-Etat, qui devait, après des siècles, absorber les deux autres.

Ces enrichis faisaient instruire leurs fils. Ceux qui profitaient de cette instruction se faisaient leur place au soleil : les uns renforçaient les rangs du clergé, chez qui la trop courte science de ce temps s'était réfugiée; les autres, ressuscitaient les codes de Justinien et préparaient ainsi des armes contre le désordre et le vice, armes dont la royauté ne tardait pas à s'emparer, et dont elle se servait pour fortifier son pouvoir aux dépens de la noblesse; ceux même qui restaient modestement au comptoir ou à l'atelier de leur père, créaient à leur profit un pouvoir nouveau qui les faisait respecter des nobles, et même des Rois auxquels ils savaient se rendre nécessaires : le pouvoir de la finance.

Seulement la nature fondamentale de l'homme ne perdait pas ses droits, ni sa force. Au lieu de demeurer fidèles à leur origine, ces parvenus prétendaient égaler de tout point leurs supérieurs d'autrefois ; ils se faisaient anoblir par les Rois qu'ils servaient, et créaient ainsi de nouvelles familles aristocratiques, à l'origine desquelles on trouverait un homme de robe ou un homme de finance, si elles ne se confondaient pas aujourd'hui, dans le respect et l'envie également stupides de la foule, avec les rares descendants authentiques des Barons du moyen-âge.

D'autres motifs encore retardèrent cette évolution bienfaisante. Ainsi la royauté portait en toute chose son esprit d'absolutisme et sa manie de réglementation ; un Colbert, aussi surfait dans son genre que son maître le Roi-Soleil, imposait à l'industrie des règles étroites, entre lesquelles elle étouffa pendant plus d'un siècle : veillant à l'apprentissage, à la hiérarchie des corporations, allant jusqu'à compter le nombre de fils que devait comporter, par pouce carré, telle ou telle étoffe, et, par parenthèse, donnant à l'avance une idée, très approximative pourtant, de ce que pourrait être l'industrie d'un pays, sous le régime collectiviste.

Cependant le progrès s'affirmait lentement. Ces légistes, ces financiers, ces artisans d'élite, ces gros négociants, étaient déjà des *Individus ;* ils avaient commencé par être utiles, et devenaient de plus en plus nécessaires. En Angleterre même ils fournissaient une partie de l'armée, ces archers qui, à Crécy et à Azincourt, vinrent à bout de la plus glorieuse chevalerie connue. En France, les malheurs de la guerre de Cent Ans obligèrent les Rois à compter avec eux, et à réunir les Etats-Généraux du royaume, dans lesquels chacun des trois ordres, *Clergé, Noblesse* et *Roture,* avaient leurs représentants. En Italie, ils créaient des Etats indépendants, gouvernaient même temporairement des Républiques, jusqu'à ce que, cédant à l'esprit insuffisamment démocratique encore de leur époque, ils passassent de leurs comptoirs sur des trônes, et fondassent des dynasties, comme celle des Médicis, dont les filles devaient donner des Rois à la France.

Ces résultats ont même fait illusion à quelques historiens; ils ont cru pouvoir appliquer à l'ensemble ce qui n'était que partiel et local. Car c'était dans les villes seulement, par le commerce et l'industrie, que ces progrès s'accomplissaient; la grande majorité des peuples, fixée dans les campagnes, en était bien loin encore. Figée dans les routines ancestrales, la culture du sol employait encore les mêmes outils et les mêmes semences, et suivait les mêmes assolements que du temps des Romains. Ballottée entre des prix extrêmes de vente, en raison du succès variable des récoltes, et à cause du manque de communications, supportant le plus fort de l'impôt, dîmée par son propriétaire et par son curé, ravagée par les compagnies de soldats mercenaires, privée par des guerres incessantes de ses bras les plus valides, la population rurale vivait dans la misère, la saleté, le vice et l'ignorance absolue.

La Bruyère, Vauban, J.-J. Rousseau successivement en témoignent, donnant à la postérité une idée de ce qu'était la condition du paysan aux dix-septième et dix-huitième siècles. A la veille même de la Révolution, écrasé par les impôts qui retombaient exclusivement sur lui — le clergé et la noblesse en étant exempts — le paysan cache avec soin ses maigres provisions, pour éviter l'accroissement d'impôts dont le collecteur n'eût pas manqué de le frapper, s'il lui avait supposé le moyen de le payer. Aussi en 1789, quand sonna l'heure de la délivrance, les habitants de la campagne envahirent et saccagèrent les châteaux ; et aujourd'hui encore, dans bien des chaumières, figure à la place d'honneur l'image de ce Napoléon, qui pourtant a pris au paysan ses fils, pour les laisser mourants sur tous les champs de bataille de l'Europe, mais dans lequel il ne voit que le consécrateur des conquêtes de la Révolution, et surtout de la vente irrévocable des biens nationaux, c'est-à-dire des dépouilles de la noblesse et du clergé.

Car il commence à réaliser enfin le rêve éternel dont il berçait sa misère depuis tant de siècles : acquérir un morceau de cette terre dont ses aïeux ont été les esclaves, labourer pour son propre compte avec quelque petit cheval ou mulet lui appartenant, être sûr de vivre, lui et sa famille, du produit de son champ affranchi de la taille et de la dîme, pouvoir regarder en face le châtelain qui le faisait trembler, et le soldat qui ne se transforme plus en garnisaire, de bête de somme enfin devenir citoyen !

Certes son individualité est encore bien effacée ; mais il est parti de si bas ! Au surplus, le progrès s'est fait tout de même, pour lui comme pour les autres : le suffrage universel lui a été accordé ; sa petite commune s'administre à peu près elle-même ; quelquefois il se voit ouvrir le conseil municipal ; il peut même arriver à ceindre l'écharpe de maire, et il a alors le droit de discuter les privilèges du Curé, qui était son maître absolu, il y a cent ans. Ce jour-là, il est déjà *quelqu'un ;* il compte parmi les rouages administratifs ; il est une *Individualité.*

Ainsi se fait, sur tous les points, cette ascension universelle. Ainsi s'approche, petit à petit, cet idéal d'égalité que poursuivait l'homme primitif, comme la plus sûre garantie de son existence sociale. Egalité relative, bien entendu, mais non absolue, puisque nous avons vu qu'elle s'acquérait par le travail, et que nous savons bien que tous les hommes ne sont pas également forts, ni également courageux.

Mais, dans ce tableau des progrès de la société humaine, nous avons involontairement négligé un détail. La science embryonnaire que les Grecs et les Latins avaient acquise, et que les moines avaient, tant bien que mal, conservée à travers les ténèbres du moyen-âge, avait, aux environs du seizième siècle, pris un essor imprévu. La découverte du Nouveau-Monde a eu le double résultat d'élargir le champ des investigations scientifiques, et de briser le moule invariable dans lequel l'Eglise avait enfermé les connaissances humaines. La vue et l'étude de cette moitié du Globe, que les Livres Saints n'avaient même pas soupçonnée, enhardirent les esprits à chercher au-delà de l'enseignement permis, justifièrent toutes les audaces et amenèrent les découvertes les plus inattendues.

Non-seulement les esprits se dégrossirent par

cet enseignement nouveau, mais encore, et surtout, l'humanité prit possession de la nature qu'elle ignorait, et employa à son avantage des forces qui, jusqu'alors, avaient causé son effroi. L'industrie, grâce à ce secours, multiplia ses produits, et en abaissa à proportion le prix de vente. Des recherches, des commodités, des raffinements même, qui jadis étaient l'apanage de l'élite seule, devinrent accessibles à tous. L'homme, qui s'habituait au mieux, se trouva entraîné à le rechercher en toutes choses ; la masse s'éprit, non-seulement du confort matériel, mais aussi d'une instruction plus étendue, d'une moralité plus raffinée, et s'approcha de plus en plus, chaque jour, de cet état de supériorité intellectuelle et morale où nous avons vu que l'homme commençait à devenir un *Individu.*

Dans ce tableau fidèle de l'affranchissement de l'esclave et du serf par le travail, un point de vue social doit être mis en évidence. Le travail n'est pas seulement un facteur essentiel de la dignité humaine; il n'a pas seulement pour résultat de relever, à ses propres yeux, l'homme qui lui doit sa liberté ; il le fortifie encore au physique, en le conservant sain et vaillant, au milieu d'une génération qui s'énerve dans le vice et l'oisiveté.

« Le travail est un frein », disait Guizot. Connaissant le personnage, ce qu'il pensait et la catastrophe qu'il a obstinément suscitée, je n'ose me demander ce qu'il entendait par là ; mais il aurait eu raison s'il avait voulu dire que l'homme qui travaille dépense utilement son énergie, et n'en trouve plus, le travail accompli, pour satisfaire aux impulsions basses et matérielles que nous a léguées, à tous, notre ancêtre primitif, quel qu'il soit.

Aussi, pendant que les familles nobles se reproduisaient dans des rejetons de plus en plus anémiés par les plaisirs et les fatigues de la vie aristocratique, il s'élevait, menaçantes, jalouses, mais pleines de sève, d'intelligence et d'ardeur, des familles de prolétaires, affranchies par le travail, trempées par la sobriété, dressées, par leur humilité même, à la pratique des vertus modestes qui permettent aux muscles, au cerveau, à l'organisme tout entier de s'épanouir dans leur libre et complet développement.

# CHAPITRE VI

## L'EVOLUTION

Voyons le détail de cette Evolution enfantée par le travail.

Rappelons-nous d'abord qu'avant l'ère moderne tout travailleur est un esclave. Un homme libre pouvait avoir un métier, mais il ne l'exerçait pas de ses propres mains. Le père de Démosthènes était armurier, ce qui voulait dire qu'il était propriétaire de plusieurs esclaves qui fabriquaient des casques et des cuirasses. On possédait même souvent des esclaves qui allaient à domicile faire les fonctions de leur métier, et qui rapportaient à leur maître leur salaire, ou probablement une partie déterminée de leur salaire. Des riches achetaient un esclave médecin pour soigner leur famille, un esclave grammairien pour faire l'éducation de leurs enfants. Plaute, le grand auteur comique, avait été esclave.

Seuls les Grecs, par une exception qui les honore, ont commencé à ennoblir le travail dans la personne des grands artistes, peintres et sculpteurs. Leur sens poétique, leur amour du beau les empêchèrent de confondre avec de simples ouvriers les Zeuxis et les Praxitèle, qui donnaient aux images de la divinité tous les caractères de la perfection. Mais, seuls aussi, ils suscitèrent parmi eux de grands artistes. Rome ne connut guère que des imitateurs des Grecs, et, jusqu'au quinzième siècle de notre ère, l'Europe demeura insensible aux jouissances de l'art.

La postérité ignorera, comme nous, les noms des créateurs des monuments du moyen-âge. Il y avait pourtant parmi eux des âmes d'artistes, auxquelles ne manquaient que les traditions antiques et les encouragements de leurs contemporains. Les constructeurs de nos cathédrales gothiques formaient des espèces de corporations, qui se transportaient de ville en ville à l'appel des municipalités, ou plutôt des Evêques et des Abbés, seuls alors assez riches pour faire les frais de ces énormes édifices. Deux, et même plusieurs architectes, se succédaient dans la direction de ces travaux, qui duraient parfois pendant un siècle. Chaque sculpteur, chargé d'une partie du monument, s'y livrait à son inspiration particulière ; il est telle façade d'église dont les sculptures composent un poëme, et parfois même une satire, où l'artiste se consolait, — en se vengeant peut-être, — de ses talents méconnus.

En même temps se fondaient d'autres corporations, ou corps de métiers, sédentaires alors, englobant tous les artisans pareils d'une localité, armuriers, bouchers, boulangers, bateliers comme ceux qui se réunissaient dans la maison qui devint l'Hôtel de Ville de Paris, dont les armoiries en conservent encore le souvenir. Chaque corps d'état avait ses chefs, sa bannière, ses règlements, et surtout son protecteur au Ciel, dans la personne de l'un des innombrables saints du calendrier. Grâce à des contributions, plus ou moins régulières, que ces corporations s'imposaient au profit de l'Evêque, du Comte ou du Roi, elles faisaient respecter leurs règlements, avaient leur juridiction particulière en ce qui concernait les délits intérieurs, et se créaient un monopole industriel, ou commercial, qui assurait leur prospérité.

C'est ainsi, du reste, que purent renaître le commerce et l'industrie dans ces temps troublés. Rien n'est absolument bon ou mauvais. Les monopoles, que nous devrons, dans la suite de cette Etude, condamner résolument et considérer comme ennemis du progrès et du bon marché, les monopoles avaient leur raison d'être au moyen-âge; ils pouvaient seuls garantir la sécurité à ces artisans menacés et dévalisés par les soldats licenciés et les capitaines d'aventure, souvent mal payés de leurs aristocratiques clients, et qu'une libre concurrence aurait facilement ruinés.

Mais aussi les outils et les procédés restaient presque invariablement les mêmes. Ces patrons sûrs de vendre, et ces ouvriers sûrs de ne jamais devenir patrons, n'avaient aucun intérêt à perfectionner leurs méthodes. Nulle émulation ne naissait dans ces corporations qui avaient supprimé la concurrence ; mais si les membres y gagnaient une sécurité assez complète dans leur médiocre prospérité, la masse des consommateurs payait toujours au même prix des objets toujours fabriqués de la même façon.

Néanmoins — et c'est ce qui nous importe le plus pour le moment — le nombre des *Individus* augmentait dans la société. Si chaque corporation conservait invariablement, ou à peu près, le même chiffre de membres, de nouvelles corporations se formaient, au fur et à mesure qu'un besoin nouveau faisait naître, ou ressuscitait, un nouveau commerce ou une nouvelle industrie. Il faut même observer — car c'est une remarque qui trouvera son application dans la suite de notre Etude — que cette sorte d'émiettement de la société avait les effets d'une véritable décentralisation; plus se multipliaient les corporations, plus il y avait besoin d'hommes intelligents et capables pour les gouverner.

Ainsi au moyen-âge, en plus des grands propriétaires terriens, vassaux de la couronne, des officiers de la maison royale, et des prêtres qui, à quelque degré de la hiérarchie ecclésiastique qu'on les prenne, sont plus savants que la plupart de leurs contemporains, il y a déjà les légistes, les membres des cours de justice, et au moins les chefs des différentes corporations, qui figurent au rang des *Individus,* c'est-à-dire de l'élite dirigeante. On doit même leur adjoindre les maires, consuls, échevins ou bourgmestres qui administraient, sous la protection des Rois, et en vertu d'une charte payée à beaux deniers comptants, les villes qui avaient obtenu d'être érigées en communes.

Quand vint la Renaissance, nouvelle poussée, nouvel effort, nouvelle éclosion d'individualités. On sait qu'après la prise de Constantinople par les Turcs, les Grecs réfugiés en Italie y avaient apporté une certaine quantité de livres anciens encore ignorés en Occident. Les Universités se multiplièrent, le nombre des professeurs et des savants augmenta; la mer ouverte, grâce à la boussole, centupla en peu de temps les richesses, et le nombre de ceux, commerçants ou marins, qui les mirent à la portée de tous. Enfin, des carrières nouvelles s'ouvrirent aux intelligences supérieures : poètes, sculpteurs, peintres, architectes, devinrent des personnages, et virent même parfois les têtes les plus hautes et les plus illustres s'incliner devant leur génie.

Plus tard, les théâtres s'ouvrent aux chefs-d'œuvre de la poésie et de la musique; les Académies se fondent, et réunissent ou les littérateurs, ou les savants les plus illustres de l'époque; les Rois encouragent ce mouvement par amour-propre, comptant sur le lustre que les chefs-d'œuvre répandront sur leur mémoire ; et bientôt même, quand l'instruction commence à se répandre, il devient presque possible de vivre de son pinceau ou de sa plume, et on voit, au dix-huitième siècle, les Voltaire, les Diderot, les d'Alembert, les Watteau, les Chardin, les Puget, briller au grand jour, malgré l'indifférence de la Cour et de la Noblesse.

Mais, au point de vue politique, les choses n'allaient pas aussi vite. Les manants ne s'étaient, en partie au moins, soustraits au joug de la Noblesse que pour retomber sous celui des Rois. L'arbitraire le plus absolu était la règle des gouvernements, et mécontenter le Roi était le plus grand de tous les crimes. Nul contrôle n'existait, nulle limite à son pouvoir; après la Ligue et la Fronde il avait cessé de réunir les Etats Généraux, et même d'écouter les humbles remontrances du Parlement.

Et pourtant ces hommes du Tiers-Etat, enrichis, éclairés, témoins et victimes des incapacités de ceux qui les gouvernaient, avaient, au fond, confusément conscience de leurs droits, de leur force et de leur future destinée. A diverses reprises, et dans tous les pays, ils avaient essayé de se gouverner eux-mêmes : Etienne Marcel avait été le protecteur du dauphin Charles ; les corps de métiers des Flandres avaient lutté contre Charles-Quint ; Cromwell avait dix ans gouverné au nom du peuple d'Angleterre. Mais l'heure n'était pas encore venue ; étourdies par la rigueur de la répression, ces démocraties anticipées avaient repris le joug trop tôt secoué ; l'habitude les paralysait, et on aurait cru que les peuples avaient définitivement renoncé à leur émancipation.

La France, à qui semble dévolu, par le caractère primesautier de ses enfants, le rôle d'initiatrice de tous les peuples, la France donna enfin, en 1789, le signal de la résurrection. Il n'entre pas dans le cadre d'un récit sommaire d'énumérer les griefs des révolutionnaires, leurs luttes, leur triomphe, et le détail des résultats acquis. D'ailleurs, tout Français d'aujourd'hui sait que les conditions nouvelles de son existence datent de ce puissant effort. Ce qui est spécialement de notre sujet, et ce qu'il nous importe de constater, c'est qu'une partie du peuple fut enfin appelée à participer au gouvernement, et que, du coup, le nombre des *Individus* augmenta considérablement dans ce pays.

Après deux Constitutions qui donnaient le

droit de vote à tout citoyen, après le suffrage à deux degrés fonctionnant plus ou moins librement, les deux Chartes de 1814 et de 1830 donnèrent à une élite de la nation seulement le titre d'électeur, basé sur la fortune, et déterminé par le chiffre des contributions directes payées par chaque citoyen. Base raisonnable peut-être à cette époque, à cause de l'état d'ignorance profonde dans lequel étaient encore les trois quarts de la Nation, si la prudence et l'équité de la classe dominante lui avaient montré la nécessité, et la justice, qu'il y aurait eu à élargir successivement les rangs du corps électoral.

Bien loin de là, la Révolution escamotée de 1830 avait à peine augmenté le nombre des électeurs censitaires, en abaissant à 200 francs le chiffre des impôts directs qu'il était nécessaire de payer pour voter ; si bien qu'à la veille de la chute de la monarchie constitutionnelle, on évaluait à un peu plus de 200.000 le nombre des électeurs pour toute la France. Les Chambres avaient même refusé la modeste réforme proposée sous le nom de *Adjonction des capacités,* grâce à laquelle certaines professions libérales, auxquelles on ne pouvait accéder que muni d'un diplôme, d'un grade universitaire élevé, telles que celles de magistrat, d'avocat, de médecin, de notaire, de professeur, auraient conféré de droit l'électorat.

Aussi l'irritation générale était telle que, comme il arrive presque toujours en pareil cas, le Gouvernement provisoire et, après lui, la Constituante de 1848, allant jusqu'à la limite extrême, proclamèrent le suffrage universel. C'était imposer à la France la Démocratie et l'Instruction obligatoire.

En effet, avec le suffrage universel, il n'y a plus de classes, de castes, de catégories, de degrés dans l'importance des habitants d'un pays. Chacun a le droit de prendre part, au moins indirectement, au gouvernement; du coup, il n'y a plus que des *Individus*. Mais à une condition pourtant, c'est que tous les citoyens soient pourvus du minimum d'instruction indispensable pour exercer, d'une façon utile et consciente, cette haute fonction.

On le vit bien, dès la même année, quand le peuple français, déjà las des fautes et des avortements inévitables des débuts, repoussant inconsidérément la responsabilité qui l'effrayait, abdiqua entre les mains d'un prince qui ne tarda pas à restaurer à son profit le régime impérial. Mais aussi le remords ne se fit pas longtemps attendre, puisque, vingt ans après, le même peuple acclamait une troisième fois la République, montrant ainsi qu'un pouvoir héréditaire est incompatible avec le suffrage universel, puisqu'une génération ne saurait s'arroger le droit d'engager la liberté des générations qui la suivront.

On a été jusqu'à reprocher aux républicains de 1848 d'avoir devancé le temps, et d'être responsables, par la proclamation trop hâtive du suffrage universel, des désastres que le règne de Napoléon III, et l'incapacité de cet aventurier, ont infligés à notre pays. En bonne justice, en effet, il semble que le droit de vote ne devrait appartenir ni aux illettrés ni aux indigents ; quel usage en peuvent faire ceux qui ne sont pas même capables de lire le bulletin qu'ils vont déposer dans l'urne électorale ? qu'ont à se préoccuper de la bonne administration de la fortune publique ceux qui vivent aux dépens de leurs concitoyens ? Et pourtant ce raisonnement a quelque analogie avec la phrase légendaire de Joseph Prudhomme disant à son fils : « Tu n'iras pas sur la glace avant de savoir patiner ! » Le peuple français a d'abord montré de l'inexpérience dans le premier usage qu'il a fait du suffrage universel; mais comment aurait-il appris à s'en servir, maintenu, comme sous la monarchie, dans une éternelle dépendance, dans une éternelle minorité? Les chutes du patineur novice lui sont indispensables pour apprendre à se tenir sur la glace.

En résumé, ce rapide historique nous montre, dans l'évolution des siècles successifs, le tableau que nous avons annoncé plus haut de l'accroissement lent, mais continu, des *Individus* dans la société humaine; depuis la société primitive, composée de tribus, dans chacune desquelles il n'y a qu'un Individu, le Patriarche, chef, juge et prêtre tout ensemble, jusqu'aux démocraties modernes où — théoriquement au moins — chacun a droit à ce titre, puisqu'il a sa petite part d'administration, de gouvernement et de responsabilité.

# CHAPITRE VII

## LA SOLIDARITÉ

Avant de pousser plus avant, et d'entrer sur le terrain des applications, faisons une remarque dont les conséquences se retrouveront dans la suite de cette Étude. L'Individualisme, à force de gagner du terrain, s'est visiblement imposé à la société moderne; mais une réaction se fait déjà contre son application intégrale, et fortifie précisément les objections des Collectivistes, qui l'accusent d'être l'unique auteur des maux qu'ils prétendent guérir. Si nous voulons faire un travail impartial et de bonne foi, nous devons reconnaître une part au moins de vérité dans ces accusations.

Nulle œuvre humaine n'est parfaite. Pousser

à la multiplication des individus, et baser sur cette évolution les lois sociales ; admettre que le sentiment le plus puissant qui gouverne l'homme, comme l'animal, est celui de sa conservation personnelle ; voir dans le développement de chacun le mobile du développement des sociétés ; cela peut bien avoir des inconvénients, en même temps que des avantages.

Avant 1789, et sous le régime des castes, des classes, des corporations, le mal se dissimulait, si même il existait déjà. Une certaine solidarité reliait entre eux tous les membres de chacune de ces catégories. Dans chaque groupe on se défendait, on se soutenait, on répondait, dans une certaine mesure, les uns pour les autres. Il y avait, au-dessus de l'honneur de chacun, l'honneur du corps ; au-dessus de l'intérêt de chacun, l'intérêt collectif. Un noble se battait en duel pour un noble absent. Les marchands se cotisaient pour éviter la faillite d'un marchand. Ce n'était peut-être pas toujours le confrère que l'on aimait, mais plutôt la confrérie ; néanmoins l'égoïsme savait se déguiser sous un vernis d'altruisme.

L'Égoïsme ! véritable péché originel de l'homme ; il l'apporte en naissant, et ne pourrait même pas s'en passer. On ne saurait le supprimer, sous sa forme au moins d'amour de la vie, qui est la garantie de la conservation des êtres et des espèces. On ne doit même pas le supprimer sous cette forme brutale qu'on lui reproche dans l'homme soumis aux obligations sociales ; car enfin, poussé à l'extrême, c'est-à-dire complètement dégagé d'égoïsme, l'altruisme pur amènerait l'extinction de tous ceux qui le pratiqueraient : ne s'occuper que des autres, et jamais de soi-même, équivaut à s'abandonner sans défense à toutes les mauvaises chances de la vie.

Dans ce prétendu Contrat social, imaginé par la philosophie déiste, idéaliste et souvent peu scientifique du dix-huitième siècle, l'homme est supposé avoir sacrifié une part de sa liberté pour s'en conserver plus sûrement le surplus. En réalité, c'est son égalité qu'il abandonne (1), en se reconnaissant un ou plusieurs maîtres, lui qui pouvait se croire absolument libre dans la vie sauvage ; seulement il n'y a pas là de contrat, mais tout simplement une impulsion, instinctive

(1) Voir *La République utile*, p. 5 (Paris, Fischbacher).

d'abord, de l'être qui cherche une défense dans l'union avec ses semblables, raisonnée ensuite quand il sent qu'il l'a trouvée et qu'il lui importe de la conserver.

C'est là la première réaction contre l'Égoïsme natif, et le point de départ de la lutte incessante que l'homme engage contre lui, pour maintenir les bases et augmenter les effets salutaires de la société à laquelle il a adhéré. Car, à bien examiner cette histoire déjà longue des sociétés humaines, il est facile de voir que leur ciment est un accord indispensable entre l'Égoïsme qui conserve l'Individu, et l'Altruisme qui seul fait vivre l'Association.

Mais l'équilibre absolu est une sorte de perfection, et par conséquent inaccessible à l'homme; aussi tous les progrès se font-ils par secousses, souvent dépassant le but, et alors exigeant des retours en arrière qui rendent, au bout de peu de temps, un nouvel effort nécessaire. Ainsi quand, en 1789, les fondateurs de la Démocratie française entreprirent d'abolir les abus dont vivait la Royauté, et notamment renversèrent, au nom de l'Égalité, toutes ces barrières artificielles que l'arbitraire, l'orgueil et la cupidité avaient élevées entre les enfants d'un même pays, ils allèrent jusqu'à interdire entre les citoyens toute espèce d'association.

On avait tant souffert des privilèges usurpés par les castes nobiliaire et sacerdotale ; les corps de métiers avaient mis tant d'entraves au développement des arts industriels, à la concurrence qui amène le bon marché de toutes les denrées utiles, à l'avènement du prolétaire aux titres enviés de patron et de bourgeois ; on avait, à la longue, amassé tant de mépris pour ces confréries de moines voués à la fainéantise, à la crasse et à la mendicité, pour ces innombrables couvents où l'orgueil et l'avarice des aînés de chaque famille enfermaient les jeunes filles, soustraites aux devoirs naturels de la maternité, et vouées souvent à l'hypocrite dépravation du cloître, que, pour éviter le retour de tous ces abus, on n'avait trouvé que ce moyen extrême de la suppression absolue.

C'était le véritable triomphe de l'Individualisme. Mais aussi c'était l'émiettement de la société humaine. *Chacun pour soi et Dieu pour tous,* devint la devise universelle. Et alors, comme la science, le talent, la fortune, l'expérience des affaires étaient l'apanage, à peu près exclusif, de cette classe moyenne qui avait fait la Révolution, et qui avait aboli les privilèges de la Noblesse et du Clergé, par une pente bien naturelle, mais aussi avec une imprudence dont elle se voit aujourd'hui sur le point d'être punie, elle se laissa aller à organiser la société nouvelle, justice, administration, industrie, commerce, au bénéfice de ceux qui possédaient, sans tenir un compte suffisamment équitable de cette masse inférieure de prolétaires, dont pourtant l'appoint lui avait été si nécessaire au début de la grande Révolution.

Le peuple français avait probablement un sentiment confus de cette fausse situation, car, aussitôt que, en Février 1848, il eut compris la nécessité de se réfugier dans la Démocratie, et, pour la seconde fois, proclama la République qui en est l'expression gouvernementale, un sentiment pour ainsi dire unanime de fraternité s'empara de tous les cœurs; un mot nouveau, pour exprimer une idée nouvelle et nécessaire, la *Solidarité,* se fit sa place dans la langue politique; la devise complète de la République française fut enfin adoptée : *Liberté, Egalité, Fraternité* — comme pour mieux affirmer l'orientation définitive des esprits.

La Solidarité, tel est, en effet, le correctif

d'un Individualisme trop absolu. Entre l'égoïsme dont l'homme ne peut, ni ne doit se défaire, et le communisme qui était la formule des Socialistes d'alors, la solidarité apparaissait comme la conciliation salutaire et féconde. L'absurde régime autoritaire du second Empire retarda malheureusement le développement des groupes solidaires; mais, dans des pays voisins, trouvant un terrain plus favorable, il purent se créer, se multiplier, prospérer, et donner au Monde l'exemple de ce que l'union des pauvres pouvait arriver à créer de richesses.

Dans un précédent ouvrage (1), j'ai présenté le tableau sommaire de quelques-unes de ces associations solidaires : les *Trade Unions* anglaises, les Caisses *Delitzch* et *Reiffeisen* en Allemagne, quelques Sociétés coopératives de consommation. Sous l'impulsion de la loi de 1884, de nombreux Syndicats se créent tous les jours en France, et commencent à combler une lacune regrettable. Ce n'est pas encore le moment d'entrer dans les développements, pourtant pleins d'intérêt, que comporterait l'examen de ces fructueuses tenta-

---

(1) *La République utile*, ch. V. et VI (Paris, Fischbacher).

tives; il importait seulement de faire voir que l'Individualisme n'était pas l'Egoïsme, qu'il comportait l'intérêt de la masse en même temps que le progrès de l'élite, et qu'enfin, livrée à elle-même, la société humaine devait évoluer dans ce sens. Nous aurons bientôt à tirer les conséquences de ces constatations.

Pour le moment, contentons-nous de ce que nous avons acquis : le monde a constamment progressé par l'augmentation du nombre des *Individus* dans la société ; on peut dire que ce principe a solennellement été proclamé en 1789, quoi qu'il n'ait reçu son application définitive qu'en 1848 par l'adoption du suffrage universel ; la société s'en est-elle bien trouvée ? a-t-elle franchement adopté ce dogme nouveau ? y a-t-il apparence que les choses doivent continuer à marcher dans le même sens ? C'est ce qu'il nous faut examiner maintenant, avant de tirer des conclusions définitives.

L'Individualisme a eu son triomphe en 1789. Maître de la place, depuis cette époque, qu'a-t-il fait de la société humaine ? L'a-t-il régie selon ses principes ? C'est ce que nous allons voir dans la deuxième partie de ce travail ; ce sera en quelque façon un résumé de l'histoire économique du dix-neuvième siècle. Dans une troisième partie, il nous sera devenu plus facile de trancher définitivement le différend entre les systèmes sociaux préconisés par les réformateurs, et, particulièrement, entre l'*Individualisme* et le *Collectivisme*.

---

## DEUXIÈME PARTIE

# LES APPLICATIONS

---

## CHAPITRE I

### L'IDÉAL

Des aperçus généraux exposés ci-dessus, il me semble assez facile de dégager une formule, nette et précise, de l'Idéal qu'a pu concevoir l'homme, aux diverses étapes de son développement social. Cela revient à dire que l'homme n'a pas dû avoir toujours le même idéal. C'est encore là un des points sur lesquels, après une étude attentive des origines et des progrès de l'espèce humaine, on se trouve fatalement amené à se séparer des doctrines philosophiques qui ont régné, sans conteste, pendant au moins la première moitié de ce siècle, et sur lesquelles repose, presque exclusivement encore aujourd'hui, ce que l'on pourrait appeler la Philosophie classique.

On nous a longtemps enseigné qu'un *Bien en soi*, une Morale absolue, imposaient à l'homme des règles catégoriques, à l'application desquelles il ne pouvait échapper qu'en se mentant à lui-même, et en renonçant, en quelque façon, à sa qualité d'homme. Toutes les fois qu'une mauvaise éducation, ou de mauvais instincts non réprimés, n'ont pas faussé son jugement, il n'a qu'à regarder au dedans de lui-même pour retrouver ces règles empreintes dans son cœur, la notion nette et puissante de ce Bien et de cette Morale absolus, toujours invariablement les mêmes, à quelque pays et à quelque époque de l'histoire qu'il appartienne.

Ce système, à la vérité, est commode. Il a dû même être efficace, dans les temps de croyance aveugle, puisqu'il permettait d'affirmer que ces notions, toujours pareilles, imprimées au cœur de tous les hommes, ne pouvaient visiblement avoir pour auteur que Dieu même. Et alors les lois humaines, édictées précisément pour les faire prévaloir, empruntaient à cette origine divine une force, une autorité, un respect propres à intimider les esprits indépendants, et à donner la résolution la plus impitoyable à ceux qui étaient chargés de les appliquer.

Malheureusement il faut en rabattre. Certes il est bien difficile, aujourd'hui, de se faire une idée exacte de ce que pouvait et voulait l'homme des cavernes; il n'a pas laissé d'histoire, ni même de traditions capables de nous éclairer à cet égard. Et pourtant il est bien naturel de supposer qu'il ne devait pas avoir le même idéal que l'homme d'aujourd'hui. Il pouvait peut-être avoir une conception morale qu'il appelât déjà la Morale absolue, mais cette conception ne pouvait évidemment pas comporter les raffinements et les délicatesses qu'une civilisation beaucoup plus avancée inspire aux hommes de nos jours.

Il en serait sans doute autrement si l'on pouvait prouver que les Codes, de tous les temps et de tous les pays, avaient pour but essentiel de faire respecter la morale, mais il serait plus facile au contraire, et l'essai en a été déjà fait (1), de montrer que la morale n'est que le résumé des préceptes dont l'application est indispensable au maintien des sociétés humaines. De telle

(1) Voir *Morale et Religion*, p. 77. (Paris, Fischbacher).

façon que la Morale résulte de la Loi, et non la Loi de la Morale. Aussi l'homme a-t-il eu plusieurs morales; même encore aujourd'hui on peut faire voir que chaque peuple, chaque homme a la sienne, plus ou moins élevée et plus ou moins pure, selon le degré de civilisation auquel il est parvenu.

C'est pour la même raison que l'Idéal de l'homme n'a pas toujours été le même. L'homme n'a jamais eu que le Dieu qu'il pouvait comprendre, que la Morale dont il était digne, et que l'Idéal qu'il était capable d'imaginer. Ce qui vient tout simplement de ce qu'il s'est, toujours et successivement, imposé à lui-même son Dieu, sa Morale et son Idéal. Quand tout lui manquait à la fois, la sécurité, l'affection réciproque, la nourriture quotidienne même, son Idéal n'allait pas au-delà de ces biens matériels qu'il jugeait inaccessibles (1). Aujourd'hui qu'il a à peu près réalisé cet idéal primitif, il s'en est tout naturellement proposé un plus compliqué, en rapport avec le point de civilisation auquel il est parvenu. Il faut même que les partisans du

(1) Voir *Morale et Religion*, p. 436. (Paris, Fischbacher).

*Bien en soi* se persuadent que l'Idéal d'aujourd'hui n'est pas encore l'Idéal définitif, pas plus du reste que celui qui lui succèdera dans l'esprit insatiable de l'homme.

L'idéal est personnel à chaque Individu. Il dépend de son organisation, même physique : l'homme qui a goûté aux douceurs, au bien-être, aux délicatesses de la vie opulente ne saurait se contenter des modestes satisfactions dont il poursuivait la réalisation avant d'avoir acquis la richesse. Ses enfants hériteront de lui ces aptitudes, ces besoins plus raffinés, et, s'ils n'héritent pas en même temps de sa fortune, ils auront nécessairement un idéal peu en rapport avec leur situation présente. De telle façon qu'il est vrai de dire que l'idéal varie, non seulement avec l'époque, avec le degré de civilisation d'une population, mais encore, dans une même population, avec le tempérament particulier de chaque individu.

Heureusement ce qui nous importe, c'est tout simplement de savoir ce qu'est l'Idéal d'aujourd'hui. Dans la comparaison que nous voulons établir entre l'Individualisme et le Collectivisme, cette connaissance est indispensable ; car l'un ou l'autre nous apparaîtra comme le système social de l'avenir, selon qu'il tendra plus ou moins promptement, et plus ou moins sûrement, à la réalisation de cet Idéal.

Or, si l'on consulte l'histoire du passé, si l'on cherche à démêler ce qui se dégage de toutes les révolutions qui se sont accomplies depuis un siècle dans les sociétés humaines, si l'on collectionne les revendications, les programmes, les formules des partis d'avant-garde, c'est-à-dire de ceux qui représentent les aspirations de la masse cherchant à se dégager des liens de la coutume, de l'habitude, des préjugés — on peut aisément constater que, si l'Idéal de l'homme s'est modifié dans la forme, au fond il est toujours resté le même : Permettre à chacun de vivre le plus heureusement et le plus complètement possible.

La société, depuis si longtemps déjà établie entre les hommes, y a cependant laissé son empreinte ; ce vœu qui, dans les premiers âges, était en quelque sorte individuel, est devenu collectif ; il n'y a plus que peu de nos contemporains qui souhaitent une modification favorable à eux seuls, et la plupart, au contraire, appellent de leurs vœux des réformes profitables à tous, ou tout au moins à ceux qui en ont le plus réel besoin. C'est en ce sens que l'on peut dire que le *Socialisme* est dans l'air, qu'il est la préoccupation des esprits les plus avancés, et l'espérance encore vague et confuse des masses. C'est un point qu'il faut considérer comme acquis, et qu'il ne faut pas perdre de vue, car il trouvera son application, et même nous donnera quelque lumière utile, dans la suite de cette Etude.

Mais revenons à l'Idéal d'aujourd'hui. Etant donné que, depuis que la société humaine existe, elle a évolué constamment dans le même sens, en vue de la continuelle augmentation, dans son sein, des *Individus* — c'est-à-dire des hommes absolument indépendants, maîtres de leur destinée et capables de se consacrer au progrès de la prospérité générale — il ne doit pas sembler exagéré de le formuler dans les termes suivants : « La société idéale est celle où tous les hommes seraient égaux entre eux, et tous utiles à leurs semblables ».

Dans cette société, personne n'ignore ses droits, mais personne non plus ne se soustrait à ses devoirs. Chacun reçoit, pendant sa jeunesse, les éléments indispensables de son bonheur futur; il est instruit, autant que son organisation cérébrale l'a permis ; il a à sa disposition les moyens de se procurer un bien-être qui ne sera limité que par ses propres imperfections; il n'y a de distinctions que celles qui résultent de l'importance des services rendus à la société, et, chacun s'empressant de s'en rendre digne, il n'y a plus que les déshérités de la nature qui restent au-dessous de cette moyenne de bonté, de science, d'intelligence et de discernement que nous avons reconnue nécessaire pour caractériser l'*Individu*.

Dans cette société idéale, l'association elle-même devient inutile. Elle n'aura été qu'une transition nécessaire. Les assurances n'ont d'utilité que pour ceux qui ne savent pas ou ne veulent pas se gouverner eux-mêmes. Quelle société d'aujourd'hui, même usant de tous les moyens découverts pour prévenir le chômage, les accidents, la misère, pourrait entrer en comparaison avec celle où chacun pourrait et voudrait se créer toutes les ressources d'instruction dont son naturel serait capable, se priver de tous les faux plaisirs qui nuisent à la santé, faire de ses revenus deux parts, dont l'une serait destinée à parer aux accidents, aux maladies, à l'affaiblissement sénile, à se développer en un mot jusqu'à la dernière limite du possible, au triple point de vue physique, moral et intellectuel! Il semble bien que ce soit là la société idéale vers laquelle tende l'humanité, si nous ne nous sommes pas trompé en constatant que, depuis ses origines, elle aurait constamment évolué dans le sens de la multiplication des *Individus*.

Et encore ajoutons une remarque qui a son importance : grâce aux forces héréditaires, le nombre des déshérités diminue, car les hommes, de plus en plus perfectionnés par une instruction raisonnée et par une hygiène savante, transmettent de moins en moins souvent à leurs descendants les tares intellectuelles, ou physiques, qui sont le germe de toutes les infériorités. C'est une pensée bien faite pour soutenir et encourager les réformateurs; il est souvent bien petit, le nombre de ceux qu'un bon législateur, qu'un bon magistrat, qu'un bon maître d'école améliorent; mais les générations successives le multiplieront à l'infini; n'eussiez-vous fait qu'un honnête homme à la suite de tous ces enseignements que, dans une longue carrière, vous aurez courageusement prodigués par la parole et par la plume, qui sait ce que sera, dans quelques siècles, le nombre de ceux à qui cet honnête homme aura transmis ses vertus ?

En résumé, l'idéal comporte l'augmentation du nombre des *Individus*; mais ce progrès n'ayant pu se faire que par l'association des hommes entre eux, et cette association ayant exigé la remise des pouvoirs administratifs entre les mains de certains des associés, une fiction est née dans la société, représentant l'idée de gouvernement, de concentration des forces, de répartition du mal et du bien, et à laquelle on a donné le nom d'*Etat*. Et comme l'Etat, sous sa forme visible et tangible, a toujours été incarné en un ou plusieurs hommes, une lutte s'est établie entre l'intérêt de ces hommes et l'intérêt de tous les autres. On a pu parfois se demander si l'Etat avait été créé pour les particuliers, ou les particuliers pour l'Etat.

Avant de passer outre, il me paraît à propos d'examiner ce que c'est que l'Etat, ce que sont ses fonctions, et, par dessus tout, ce qu'elles devraient être.

# CHAPITRE II

## L'ÉTAT

S'il est vrai que l'Idéal actuel de l'homme comporte l'augmentation des *Individus* dans la société, parallèlement sa réalisation doit entraîner la diminution du rôle et de l'importance de l'Etat. En effet, politiquement parlant, l'Etat est l'antagoniste de l'Individu. Tout ce qui fortifie l'Individu affaiblit l'Etat, et réciproquement. Pour s'en rendre compte, il suffit d'établir ce que l'on entend par l'État.

L'Etat est la représentation d'un groupe d'hommes poursuivant un but particulier — ou le but universel de l'humanité, celui de toujours mieux vivre — mais sous des lois, des mœurs, une organisation politique particulières, et trop nombreux, ou même trop ignorants et trop inexpérimentés pour se gouverner eux-mêmes. Alors, de par la faiblesse ou la volonté générales, un ou quelques-uns d'entre eux s'arrogent, ou reçoivent la mission de gouverner les autres. Plus un peuple est ignorant et incapable, plus il est facile de se substituer à lui ; c'est ainsi qu'un Louis XIV peut dire en toute vérité : « L'État, c'est moi ! »

A plus forte raison le patriarche l'aurait-il pu dire dans la tribu primitive, ou bien Agamemnon dans Argos ; mais déjà Thémistocle ou Périclès dans Athènes, ou même le roi Agésilas dans Sparte, n'eussent pas pu afficher une semblable prétention, les premiers parce que leur pouvoir, basé sur la faveur populaire, pouvait, au gré des électeurs, passer entre les mains d'un autre, le second parce qu'il partageait le gouvernement avec les Ephores. Mais la notion d'Etat n'en existait pas moins dans ces Républiques anciennes, et la différence consistait tout simplement en ce que l'Etat n'avait que des représentants temporaires.

Et, si l'on se demande pourquoi certains peuples, plus indépendants ou plus jaloux que d'autres, avaient ainsi pris, contre les détenteurs de l'autorité, des précautions que les autres n'avaient pas voulu ou n'avaient pas osé prendre, je crois que cet examen amènera précisément à mieux comprendre ce que l'on doit entendre par l'*État*. En effet, quel est le mal que pourraient faire les hommes qui sont chargés de gouverner leurs concitoyens ? Mal administrer les finances publiques, lancer le pays dans une guerre inutile et disproportionnée, rendre la justice d'une façon partiale, etc., etc. ; or, quel est le plus souvent le mobile de ces malversations ? L'incapacité, c'est incontestable; mais plus souvent aussi l'intérêt personnel, la cupidité, l'ambition, l'orgueil. C'est donc l'intérêt public que les précautions politiques tendent à défendre contre des intérêts particuliers. Et alors il apparaît, en toute évidence, que ce que l'on appelle l'intérêt de l'Etat, n'est, en fait, que la collection des intérêts particuliers de tous les habitants d'un pays, d'une région, unis ensemble par un même lien politique.

On comprend, à la rigueur, l'exagération des droits de l'Etat dans une Monarchie : l'hérédité met le pouvoir dans une seule famille, dont l'entretien, coûteux sans doute, devient une des charges régulières que doit s'imposer la Nation; mais les intérêts de cette famille se confondent presque absolument avec l'intérêt général. Dans une Monarchie constitutionnelle, déjà le danger s'augmente, par le changement fréquent des dépositaires du pouvoir; encore appartiennent-ils tous à une seule et même classe de citoyens. Enfin dans une Démocratie, les gouvernants changent au moindre souffle de la faveur populaire, et tous les citoyens peuvent tour à tour arriver au gouvernement; dans ces conditions, plus les pouvoirs publics ont d'attributions, plus ils prennent de part à la création ou à la distribution des richesses, et plus il est à craindre que les intérêts privés de tant de fonctionnaires, fréquemment renouvelés, ne se substituent à l'intérêt national.

Maintenant il va être facile de dégager les preuves de cet antagonisme, entre l'Etat et l'Individu, que nous avons énoncé plus haut. Si l'Etat fait une guerre, il se lance dans des dépenses considérables, auxquelles il faudra que tous les citoyens contribuent; et pourtant, il peut se trouver tels ou tels citoyens, fabricants d'engins meurtriers, d'habillements ou d'aliments pour les soldats, qui s'enrichiront dans cette guerre, et qui pousseront l'Etat à la faire, dans leur intérêt particulier.

Si l'Etat perçoit un droit sur certaines marchandises qui pénètrent sur son territoire, l'ensemble des citoyens paiera en moins, sous forme d'impôts, la somme que l'Etat aura perçue sous forme de douanes, et les fabricants de ces marchandises pourront les vendre plus cher à leurs concitoyens ; mais aussi tous les habitants qui consomment ce genre de produits dépenseront davantage pour les obtenir, et ceux qui en font le commerce de détail gagneront moins en les revendant.

Quand l'Etat entreprend des travaux publics, il peut, selon l'extension qu'il leur donne, selon l'emplacement qu'il choisit, faire la fortune de certains citoyens, tandis qu'il en ruinera d'autres : les routes ruinent la batellerie, les canaux concurrencent les chemins de fer, les ports du Midi procurent l'abondance à leur région grâce à l'argent pris à la région du Nord, et réciproquement ; le déboisement des montagnes du Centre inonde les récoltes sur tout le parcours des fleuves.

Aussi est-il facile de comprendre que la multiplication des Individus a parallèlement entraîné l'affaiblissement de l'Etat. S'affranchir des fatalités de ces répercussions inattendues, tendre à ne devoir son heur et son malheur qu'à soi-même, à ses qualités ou à ses défauts, c'est le désir bien naturel de l'homme qui se sent devenu, par le travail, la science ou la richesse, capable de prendre place dans les rangs de ceux qui sont appelés à gouverner les autres. Tandis que, par une raison contraire, s'en prendre à une fiction, l'*Etat,* de sa détresse, ou s'en rapporter à lui pour obtenir l'aisance, c'est le fait des hommes encore plongés dans l'ignorance, ou ne se sentant ni la volonté, ni les capacités nécessaires, pour sortir de la misère par un effort personnel.

C'est donc au fur et à mesure que les esprits s'éclairaient, et que les hommes prenaient davantage conscience de leur dignité, que le rôle de l'Etat, prépondérant dans les sociétés anciennes, allait s'affaiblissant de jour en jour dans la nôtre. Bien avant Colbert, le Roi Philippe IV avait la prétention de fixer, par un Edit, la valeur de toutes les marchandises. Le Pape et les Rois, unis dans une commune pensée de domination, imposaient à l'Europe entière l'exercice d'une même religion. Le grand Roi Louis XIV déclarait la guerre à la Hollande pour se venger d'une blessure faite à son amour-propre. Son successeur Louis XV interrompait le cours de la justice, pour réduire au silence les Parlements qui s'opposaient à des mesures arbitraires. La monnaie changeait fréquemment de valeur, au gré des chefs de l'état, qui croyaient, de cette façon, s'enrichir, et qui ne parvenaient bien juste qu'à ajourner le paiement de leurs dettes, tout en jetant la plus profonde et la plus dommageable perturbation dans le commerce.

Aujourd'hui, par le progrès des individus sur l'Etat, les prix de toutes les marchandises se règlent par des mercuriales résultant de la comparaison de toutes les transactions individuelles; une certaine liberté de conscience tolère toutes les religions, quoique l'Etat en rémunère encore quelques-unes; la justice se rend librement par des magistrats que l'inamovibilité soustrait aux caprices de l'Etat, encore qu'ils y soient, en partie, demeurés soumis pour leur avancement; des congrès sont jugés nécessaires pour délibérer sur la fixation de la valeur des monnaies; les représentants du peuple ont seuls, dans les Républiques, le droit de déclarer la guerre, et, même dans les Monarchies, le pouvoir exécutif doit, pour le même objet, tenir le plus grand compte de l'opinion publique.

Au surplus, il y a, à cet affaiblissement du rôle de l'Etat, une raison prépondérante, que l'on pourrait appeler une raison de fait, une raison de force majeure; tant qu'il y a peu d'*Individus* dans une société, il est facile de comprendre que l'Etat, presque toujours représenté par les plus capables, fait tout mieux que les particuliers ne sauraient le faire ; quand, au contraire, le nombre des *Individus* est devenu considérable, comme tous ne peuvent pas faire partie de l'Etat, il y a souvent intérêt à confier à des particuliers des fonctions ou des travaux que l'Etat remplirait ou accomplirait moins bien, ou au moins plus chèrement. En France, les grandes lignes de chemin de fer ont été construites par l'Etat, en Angleterre et aux Etats-Unis par des compagnies indépendantes; on n'a jamais soutenu que les premières aient été plus solides ou moins coûteuses que les autres. Et même il est facile de comprendre que la concurrence excite, entre les particuliers, une émulation que ne sauraient ressentir des fonctionnaires qui n'ont pas de rivaux, et qui, le plus souvent, se contrôlent eux-mêmes, ou sont contrôlés par des camarades d'Ecole.

Sans entrer dans plus de détails, il suffit, pour notre thèse, d'appuyer sur ce fait, qu'aucun adversaire de bonne foi ne saurait contredire, qu'en examinant avec soin les progrès accomplis dans l'humaine société, il est de toute évidence que, par une sorte de bascule, lente mais continue, la solution des problèmes que comporte la vie sociale tend à échapper à l'Etat, pour incomber aux peuples ou à leurs représentants. Tout ce que perd l'Etat, l'Individu le gagne. Et même ce que, depuis quelques années, on a pris l'habitude d'appeler la *question sociale,* n'est probablement autre chose qu'une crise plus aiguë dans le progrès continu qui, pour des causes qu'il va nous importer d'étudier, subit, après l'élan si puissant de 1789, un notable ralentissement (1).

Ce qu'il y a de sûr, c'est que, cent ans après la fameuse *Déclaration des droits de l'homme,* les principes qu'elle proclamait sont encore bien loin d'avoir reçu leur application intégrale. Et en particulier, en ce qui concerne la lutte entre l'Etat et l'Individu, non seulement elle ne s'est

---

(1) Voir *La République utile,* chap. Ier.

pas encore terminée en faveur de celui-ci, mais même elle a subi des arrêts, notamment de 1851 à 1870, qui pouvaient faire craindre que les choses n'en revinssent presque au point où elles en étaient avant la Révolution.

C'est qu'en effet la lutte, si longtemps inégale, est demeurée au moins difficile, malgré les quelques victoires déjà remportées par l'Individu sur l'Etat. On pourrait presque affirmer que, des deux adversaires, l'Etat est encore aujourd'hui le plus fort; même en ce temps de suffrage universel, car il est facile d'acquérir une grande autorité sur la masse des électeurs, quand on déclare agir au nom de l'intérêt général. Et la science économique est si peu connue, ses lois si ignorées, leurs répercussions si obscures, que ce soi-disant intérêt général n'est pas toujours très facile à démêler.

C'est au nom de l'intérêt général que M. Rouher a fait voter les traités de commerce qui préparaient l'avènement du libre-échange; c'est au nom du même intérêt général que M. Méline a imposé les deux tarifs qui, si le Bill Mac-Kinley n'avait pas existé, pourraient passer pour l'idéal du protectionnisme. C'est au nom de l'intérêt général que M. Léon Say demande la liberté commerciale, et que M. Jaurès réclame pour l'Etat le monopole de l'introduction des blés étrangers. C'est l'intérêt général que les Orléanistes, les Bonapartistes, les Opportunistes et les Socialistes inscrivent tous uniformément sur leurs drapeaux différents.

Aussi, quand le plaideur ruiné réclame la diminution des frais de justice; quand les affiliés des sociétés de secours mutuels se plaignent des impôts de consommation, qui leur rendent si difficile la modeste épargne nécessaire pour payer leurs cotisations; quand l'instituteur laïque libre reproche à l'Etat de payer cinquante millions de subvention annuelle au clergé, dont la concurrence l'oblige à fermer son école; quand la marine marchande nous montre ses bateaux pourrissant dans les ports, que les droits protecteurs ferment aux produits d'outre-mer — l'Etat répond que ce sont là autant d'intérêts individuels qui ne peuvent entrer en balance avec Lui, qui est le seul représentant de l'intérêt général.

Quand un particulier, quel qu'il soit, se fait l'interprête de quelqu'une de ces revendications, et se dresse, seul et faible, devant ce pouvoir collectif qui est censé représenter tous les intérêts particuliers, on comprend qu'il doive compter pour bien peu de chose, et que sa cause, même excellente, doit être perdue d'avance. Au surplus tous ceux qui ont eu maille à partir avec l'Etat, ou qui ont été obligés de recourir à ce que l'on appelle la *Justice administrative,* savent à quoi s'en tenir à cet égard. Une pratique administrative, dans un cas bien minime pourtant, peut servir d'exemple : Votre cote foncière a-t-elle été majorée, par étourderie ou par calcul, elle pourra être rectifiée sur réclamation motivée, mais à condition que vous y joigniez la quittance des termes échus ; au bout de quelques mois on vous rendra la somme indûment perçue, et qu'il eût été si simple de n'exiger de vous qu'après le rejet de votre réclamation.

On a peur d'entrer en conflit avec l'Etat. On le sent si puissant, qu'on est porté à lui attribuer tous les maux dont on souffre, et à en réclamer de lui la guérison. Mais, par contre, l'esprit d'affranchissement a déjà si bien pénétré partout, que les fraudes de toute sorte semblent à peu près innocentes, quand elles ne font de tort qu'à l'Etat ; si bien que, tout en continuant à réprouver et condamner le vol, presque tout le monde se fait fraudeur, sans hésitation comme sans remords.

Mais quand l'Individu isolé se sent trop faible, il s'associe et forme, dans la grande société, de petites sociétés, unies dans un but restreint, mais bien défini, représentant ainsi des intérêts spéciaux avec lesquels il faut compter. Et ceci n'est point, comme on pourrait le croire, une diminution de l'Individualisme, car dans chacune de ces associations, il faut des chefs, des directeurs, des conseils, tous individus qui, sans cette sorte de décentralisation économique, seraient restés perdus dans la masse, sans possibilité de faire valoir et de développer leurs facultés.

C'est même dans les corporations, dans les corps d'état, et grâce à la force que l'association communique à leurs membres, que se manifestaient, sous le régime arbitraire des Rois, les premières résistances au pouvoir souverain de l'Etat. Les Parlements suspendaient le cours de la justice, et souvent, cédant au cri de l'intérêt général, le Roi se voyait obligé d'entrer en composition avec eux. L'Université, en fermant ses cours, le Clergé en refusant les secours de la religion, parvenaient parfois à faire examiner, et même admettre leurs réclamations. Or, même de nos jours, un juge, un professeur de faculté, un prêtre, s'ils essayaient une résistance isolée, succomberaient dans leur lutte inégale contre l'Etat.

Au contraire, les Sociétés d'agriculture, de secours mutuels, les Syndicats professionnels, qui se multiplient tous les jours de plus en plus, les Associations coopératives, les Chambres de commerce, etc., etc., se font écouter aisément des pouvoirs publics.

En Angleterre, on a vu de simples associations d'ouvriers, les *Trade-Unions,* réaliser des capitaux considérables, devenir propriétaires d'usines, et entretenir pendant plusieurs mois des grèves devant lesquelles les patrons étaient obligés de capituler. Dans ce même pays, où l'initiative individuelle est en honneur, on a vu des Chambres de commerce, au lieu d'attendre, comme en France, l'intervention de l'Etat, outiller à grands frais des ports comme ceux de la Clyde, créer des canaux comme ceux de Manchester, et montrer ainsi ce que les Individus, unis dans un but commun, peuvent réaliser de progrès, là où l'Individu isolé échouerait.

La grande difficulté consiste à déterminer la juste mesure dans laquelle l'intervention de l'Etat est équitable, et même nécessaire. Car enfin, il est bien certain que l'Etat dépouillé de toutes ses attributions ce serait l'anarchie pure et simple, la dissolution de cette société que les hommes ont formée entre eux dans un but de protection mutuelle et de perfectionnement général. La règle pratique à cet égard a été formulée par les Économistes : *L'Etat ne doit être chargé que de ce que les particuliers ne sauraient faire aussi bien que lui.* Ainsi les particuliers, ou des groupes de particuliers, peuvent ouvrir des écoles, des églises, des théâtres, des marchés, où chacun sera libre d'aller ou de ne pas aller; mais personne ne peut construire des routes, éclairer sa rue, défendre ses côtes ou ses frontières, canaliser les rivières de son pays, et, par cela même, ce sont là des services qui, par la force des choses, rentrent dans les attributions de l'Etat.

On ne sait pas, par malheur, s'arrêter à cette juste limite, et c'est toujours du côté des droits de l'Etat que penche la balance. L'Etat se charge, non sans raison peut-être, de fixer la durée du travail pour les enfants et les femmes mineures; mais aussitôt on lui demande d'en faire autant pour les adultes des deux sexes, comme si des adultes, des citoyens, des électeurs n'avaient ni le droit, ni le devoir, ni la capacité de se protéger eux-mêmes.

L'Etat intervient dans le commerce pour protéger le consommateur. Il proscrit la viande de porc trichinée, le beurre mélangé de margarine, le vin coloré à la fuchsine, etc., etc.; le tout avec l'aide d'une armée d'inspecteurs bien rémunérés. Des bureaux de contrôle et d'analyses, municipaux ou cantonaux, ne coûteraient pas plus cher, et permettraient à chacun de pourvoir à sa propre défense, moyennant l'application rigoureuse du Code civil.

Il y a mieux. Le commerce lui-même, sous ce régime de liberté, se moraliserait. La loyauté dans les fournitures deviendrait une cause de succès, que les vendeurs eux-mêmes rechercheraient à l'envi. Cela se voit déjà dans le commerce des engrais, qui sont vendus par les fabricants consciencieux avec garantie d'un dosage déterminé, et sur échantillons que l'acheteur peut soumettre à de sérieuses analyses.

C'est encore là une de ces constatations sur lesquelles il faut appuyer, parce que, indépendamment de ce qu'elles donnent de force aux idées développées dans ce chapitre, elles nous apporteront plus tard de solides arguments, au moment de tirer des conclusions définitives. Retenons pour le moment ceci : l'Etat faiblit devant les progrès de l'Individu ; mais devant l'Etat, l'Individu isolé est encore trop faible ; néanmoins l'Etat capitule déjà souvent devant les associations d'Individus.

Il importe à présent d'examiner les obstacles que la notion d'Etat oppose encore aux progrès de l'Individualisme; de quelle nature sont ces obstacles, et s'ils dérivent, ou bien de la force des choses, ou seulement d'une déviation momentanée dans le développement normal de l'humanité.

---

# CHAPITRE III

## LES OBSTACLES

Il est inutile de répéter que la Révolution de 1789 a été le triomphe de l'Individualisme. Elle a été faite au profit d'une majorité d'opprimés que les castes et les corporations maintenaient dans l'impuissance. Sa première œuvre fut la suppression de ces castes et de ces corporations. Ceux qui sont morts pour elle et par elle ont pu croire du moins qu'ils avaient fondé à jamais en France, et bientôt sans doute dans tout le monde civilisé, un ordre de choses nouveau, basé sur l'égalité vraie et sur la justice absolue.

C'est ainsi que, de tout temps, les hommes de foi se sont leurrés sur l'avenir, entraînés par l'ardeur de leurs convictions, et tenant un compte insuffisant des côtés inférieurs du caractère général de leurs semblables. Solon et Lycurgue ont sans doute cru avoir fondé, chacun de son côté, un ordre social immuable qui conduirait leurs peuples au bonheur et à la vertu. Les premiers chrétiens, mourant dans les supplices, voyaient avec les yeux de la foi leurs petits-fils récoltant la moisson qu'ils fécondaient de leur sang. Et pourtant Athènes, après Solon, retombait dans ses luttes fratricides entre le peuple et l'aristocratie; Sparte, après Lycurgue, ne tardait pas à voir ses plus fiers enfants vendre leurs bras victorieux aux satrapes de l'Asie; vingt siècles après Jésus-Christ, mainte coutume du paganisme se retrouve encore au fond de nos campagnes, et la superstition a remplacé, par les saints du calendrier, tous les dieux inférieurs de la mythologie.

De même, voilà cent ans révolus que Danton, Desmoulins, Saint-Just, Robespierre, sont morts sur l'échafaud, et pendant ces cent années on a vu l'esprit féodal, qu'ils croyaient avoir étouffé à jamais, essayer de reprendre, petit à petit, les privilèges qu'il avait feint d'abandonner volontairement. A coup sûr cette réaction n'a pas complètement réussi; il est de ces conquêtes auxquelles l'homme ne saurait renoncer, une fois qu'il lès a faites; mais il est facile de montrer que, sur de certains points au moins, un retour en arrière a paru être le but constant de ceux qui ont tenu les rênes du gouvernement.

On dira — et on a dit maintes fois en effet — que la Restauration, la Monarchie constitutionnelle et le second Empire ont été les auteurs principaux de cette reculade. C'est qu'on oublie toujours ce mot si juste de Voltaire : *Un peuple n'a jamais que le gouvernement qu'il mérite.* C'est dans les peuples eux-mêmes qu'il faut chercher les raisons des révolutions, et des réactions, dont ils sont les bénéficiaires ou les victimes. Que peut faire d'une Démocratie un peuple trop lâche et trop ignorant pour se gouverner lui-même? Donnez la liberté aux sujets d'un Louis XVI, ou aux concitoyens d'un Washington, et vous verrez bien l'usage tout différent qu'ils en feront.

On a dit encore que c'était la Bourgeoisie qui, après avoir entraîné le peuple tout entier dans la Révolution, avait ensuite cherché, par tous les moyens possibles, à s'en réserver le profit. Présentée sous cette forme précise et dogmatique, cette proposition manque de base. Ceux qui la soutiennent oublient que la bourgeoisie et le peuple ont une commune origine, que tous deux formaient l'ensemble de cette masse, taillable et corvéable à merci, à laquelle les nécessités politiques seules avaient pu faire donner place, momentanément, sous le nom de Tiers-État, dans ces Etats-Généraux de la Nation que les Rois n'avaient même pas réunis depuis le commencement du dix-septième siècle, quand la détresse financière de la monarchie força enfin l'incapable Louis XVI à y avoir recours.

Mais, en réalité, qu'est-ce qu'un bourgeois et qu'est-ce qu'un prolétaire? Quel est le bourgeois dont le père, ou l'aïeul, n'a pas été prolétaire, quand il n'a pas commencé par l'être lui-même? Que devient un bourgeois qui a perdu sa fortune? un fils de bourgeois qui n'a ni instruction ni capacité? Qui peut souvent distinguer un bourgeois récemment parvenu d'un ouvrier suffisamment instruit? Et même, si l'honnêteté, la politesse, le sentiment du juste, du vrai et du beau sont nécessaires pour faire ce qu'on est convenu d'appeler *un homme comme il faut*, on en trouverait peut-être bien autant dans le prolétariat que dans la bourgeoisie.

Ce qui est vrai, c'est que le prolétaire, devenu bourgeois, oublie souvent trop facilement ce qu'il a souffert, ce qui lui a manqué, ce qu'il a envié dans sa situation originelle. Et il ne faut peut-être pas lui en faire un reproche ; il obéit en cela à un sentiment naturel dont on ne tient pas assez compte, et qui nous dirige à peu près tous dans notre vie sociale. Dominés par ce sens intime et supérieur de la conservation personnelle, d'où nous avons vu que dérivait notre *Moi*, nous trouvons nécessairement bien organisée une société où notre chance, nos facultés ou notre travail nous ont fait une place satisfaisante. Politiquement parlant, tout homme heureux est un *Conservateur*.

Et alors, ces obstacles, que nous avons franchis, nous ne comprenons pas la nécessité de les abaisser pour faire arriver les autres. Qui sait même si, chez quelques-uns au moins, ne naît pas le désir de les voir s'élever plutôt davantage, afin de mieux se garantir l'amélioration acquise, et de se réserver pour eux seuls la fortune, les privilèges, les jouissances que leurs égaux d'hier viendraient diminuer en les partageant ? Idée un peu misanthropique peut-être, mais plus vraie malheureusement que l'optimisme de ceux qui espèrent rendre tous les hommes meilleurs, en les déclarant foncièrement bons.

Tant que le cens a conféré l'électorat, il est compréhensible que les lois, votées par ceux qui détenaient la plus forte part de la fortune publique, ont eu pour but constant de la maintenir entre leurs mains : le protectionnisme affranchissait de la concurrence étrangère les gros industriels; l'interdiction des coalitions et des grèves les protégeait contre la hausse possible des salaires qu'ils payaient à leurs ouvriers ; l'instruction primaire, parcimonieusement dotée, restait aux mains des Congréganistes qui bornaient leur enseignement au catéchisme et à l'histoire sainte ; le service militaire était à la charge exclusive des ouvriers, tandis que les fils de bourgeois s'en dispensaient à prix d'argent. Un émigré de 1792, revenant à l'improviste dans son pays, l'aurait trouvé à peu près semblable à ce qu'il l'avait vu dans sa jeunesse ; légalement ses titres et son blason n'auraient plus eu de valeur ; mais pratiquement il eût pu s'en servir pour s'ouvrir les salons, les bureaux, le parlement, et, au pis aller, le cœur et la bourse des plus opulentes héritières.

Mais laissons là les phrases et la satire. Ce

qui nous importe, c'est d'étudier ce retard dans l'évolution individualiste. Nous venons de voir quelle en était la cause principale : le pouvoir politique remis aux mains de ceux qui avaient intérêt à enrayer le cours des choses, à paralyser le progrès de la démocratie. Il faut voir maintenant quelles formes affectait ce retard, et surtout si ces obstacles accumulés avaient, en quelque mesure, changé le cours des idées générales. N'oublions pas que, jusqu'alors, la multiplication des *Individus* semblait avoir été le but que poursuivait la société humaine en son développement ; que 1789 avait donné un élan, en apparence irrésistible, à ce mouvement ; qu'il semble au contraire s'être affaibli, sinon arrêté, depuis la réaction de 1800, et que nous ne saurions poursuivre avec profit notre étude, sans avoir minutieusement défini et mesuré ces obstacles que la classe dirigeante opposait à l'épanouissement de l'Individualisme.

Ces obstacles étaient de plusieurs sortes : politiques, administratifs, économiques et moraux. C'est dire qu'ils s'étendaient à tous les besoins sociaux, et que, par conséquent, si l'on ne parvenait pas à les écarter, ils changeraient du tout au tout l'orientation à laquelle l'humanité a obéi, de tout temps, dans son évolution.

Au point de vue politique, c'était la *Monarchie*.

Au point de vue administratif, la *Centralisation*.

Au point de vue économique, les *Monopoles*.

Au point de vue moral, les *Religions d'Etat*.

---

## CHAPITRE IV

### LA MONARCHIE

Que la Monarchie soit, de tous les régimes politiques, celui qui favorise le moins le développement de l'Individualisme, c'est ce qui ne me semble pas difficile à démontrer. La Monarchie est l'Etat concentré dans une seule main, et, par conséquent, ayant son maximum de puissance. A côté du Roi, il n'y a personne, et tout le monde est, à des degrés divers, au-dessous de lui.

Il en résulte que plaire au Roi est le plus sûr, et même le seul moyen de se distinguer dans l'oppression commune, de parvenir à un poste élevé, et d'assurer le plus possible sa sécurité. Encore cette sécurité n'est-elle le plus souvent que précaire, car, si puissant que l'on soit, on ne l'est toujours que par reflet, et non par soi-même, et le pouvoir sans limite et sans contrôle qui vous a fait ce que vous êtes, pourrait aussi bien, à son caprice, vous replonger dans votre primitive obscurité.

Il n'est peut-être pas hors de propos d'ajouter que cette envie, ce besoin même de plaire au Roi, ne sont pas précisément des garanties pour la moralité publique. L'homme qui peut tout, s'affranchit aisément des règles étroites de la conscience ; la plupart des monarques absolus ont donné, à cet égard, les plus déplorables exemples ; pour un Titus ou un Marc-Aurèle, dont peut-être encore les vertus ont été surfaites par des historiens charmés de si rares exceptions, que de Néron et de Commode nous montrent les annales de l'humanité ! sans compter ceux qui, comme David et Salomon, semblent avoir été gâtés par l'usage même du pouvoir absolu.

Or, comme l'imitation du souverain est, de toutes les flatteries, la plus facile, et la plus tentante aussi, quand on se croit excusé par un exemple parti de si haut, la Cour d'un souverain peu scrupuleux est un foyer de dépravation qui, de proche en proche, finit par s'étendre à la nation tout entière. Louis XIV, jeune et amoureux, a une Cour galante ; s'il la rend plus réservée, ou plus hypocrite, quand il se repent dans sa vieillesse, elle est bientôt redevenue libertine, sous le Régent ; Louis XV n'est que trop imité par ses sujets ; et, en somme, on peut appliquer ce vers célèbre à toutes les Monarchies :

> Quand Auguste avait bu, la Pologne était ivre.

D'ailleurs, pour rester dans notre sujet, il suffit qu'on puisse s'élever par la faveur du Roi, pour qu'on ne cherche pas d'autre moyen. Si, par exemple, les citoyens d'une République ont des chances de parvenir aux honneurs et à la fortune, en rendant des services à leur pays, il n'en est pas de même dans une Monarchie : un Semblançay, administrateur émérite, périt pour avoir déplu, et un Villeroy incapable, mais bon courtisan, reçoit le commandement des armées, et met le pays à deux doigts de sa perte. Si Vauban se hasarde à éclairer son Roi sur la mauvaise administration de ses finances, sa disgrâce décourage tous ceux qui pourraient essayer de l'imiter, et l'administration de la France continue à marcher à la banqueroute.

Turgot est rejeté rapidement dans son obscurité, dès qu'il montre la volonté de réformer les abus. Il faut la mémorable secousse de 1789 pour donner enfin la parole à toutes les Individualités d'élite dont l'absolutisme royal étouffait impitoyablement la voix.

Toutefois il est facile de voir que, de l'absolutisme à la démocratie, il y a une distance qui ne saurait se franchir d'un seul bond. C'est ce qui a favorisé les résistances dont nous avons parlé dans le chapitre précédent. Peut-être, après tout, les survivants de la Révolution ont-ils eu raison de chercher un moyen-terme, qui fut du reste accueilli avec faveur par une population fatiguée et effrayée des excès de la Terreur, et qui pourtant souhaitait de ne pas retomber dans la servitude dont elle avait eu tant de peine à s'affranchir. De là le succès de cette Monarchie bâtarde qui a régi la France pendant un demi-siècle, et qui persiste encore, plus ou moins complètement, dans presque tout le reste de l'Europe. Nous voulons parler de la Monarchie constitutionnelle.

La preuve que les esprits, en 1789, n'étaient pas encore préparés à adopter un régime supérieur, c'est que cette Monarchie constitutionnelle, ou *tempérée*, s'imposa tout d'abord à l'unanimité des Constituants. Robespierre lui-même, en 1790, repoussait avec indignation les rares Républicains qui ne cachaient pas leurs aspirations. Mirabeau ne rêvait rien de plus que de devenir le premier ministre d'un Roi constitutionnel. Ils étaient tous très certainement d'accord avec la grande majorité de la Nation, et peut-être leur seule faute fut-elle de ne pas faire, dans la Constitution nouvelle, une place légitime à l'aristocratie, qui eut ainsi, dans une Chambre haute, pu servir, en quelque sorte, de tampon entre la Royauté diminuée et les représentants du peuple devenu souverain.

Cette conception était née en Angleterre, et l'histoire de ce pays montre comment elle y pouvait être un régime durable, tandis que, dans presque tous les autres, elle n'avait que la valeur temporaire d'un expédient. La Chambre des Communes anglaise, qui, aujourd'hui, peut être considérée comme le pouvoir dominant, auquel les Lords et le Trône ne servent plus que de contre-poids, et ne pourraient faire une opposition définitive et victorieuse, la Chambre des Communes n'a pas joui, de tout temps, du respect et de l'autorité dont on la voit revêtue de nos jours. Longtemps elle a été silencieuse, docile, irrégulièrement convoquée.

La Royauté, appuyée sur une noblesse peu nombreuse, excessivement riche, propriétaire de presque tout le sol de la Grande-Bretagne, était même, entre les mains des Tudors, devenue presque aussi absolue que dans les états du continent. L'accession au trône des Stuarts, rois de l'Ecosse, pays où régnait l'esprit d'indépendance, l'habitude des discussions religieuses, et surtout le triomphe du protestantisme imbu des idées de libre examen, donnèrent lieu à la révolution de 1640, pendant laquelle le parlement gouverna, ou fut censé gouverner l'Angleterre. Enfin le développement de l'industrie, créant dans la classe moyenne une richesse rivale de la richesse territoriale des Lords, acheva de fortifier le pouvoir des Communes, qui gagnaient, petit à petit, en autorité tout ce que perdait la Chambre aristocratique.

Cependant le droit de contrôle de cette Chambre a, jusqu'à présent, suffi pour modérer le développement des idées purement démocratiques dans les Communes et dans le pays. C'est un rôle que l'Aristocratie française aurait pu jouer, au moins pendant quelque temps, quoi qu'elle fût trop nombreuse, trop endettée, et aussi trop déconsidérée pour le soutenir indéfiniment. On l'a bien vu dans les essais successifs qui ont duré pendant presque tout le dix-neuvième siècle. Ni le Sénat servile des deux Empires, ni les Chambres des Pairs de 1814 et de 1830, en partie composées de bourgeois enrichis et anoblis, n'ont été pris au sérieux par la Nation. Aujourd'hui même, le Sénat républicain, sorti d'une élection à deux degrés, est attaqué par les démocrates chaque fois qu'il oppose des retards, quelquefois pourtant bien justifiables, aux volontés exprimées par les représentants du peuple.

C'est ce qui explique le peu de durée de la Monarchie constitutionnelle en France. Si, chez les autres nations européennes, elle paraît douée d'une plus grande résistance, c'est qu'elles n'avaient pas reçu l'énergique impulsion de 1789; aussi sont-elles moins avancées dans la voie qui mène à la démocratie, quoique, en réalité, ce soient là des différences qui tendent à s'effacer de jour en jour.

Quoi qu'il en soit, la Bourgeoisie doit renoncer à son rêve de domination indéfinie, partout au moins où le suffrage universel est devenu la base de la politique intérieure; la loi du nombre s'imposera de plus en plus, et, le jour où ce nombre sera devenu conscient de ce qui lui manque et de ce qu'il veut, l'intérêt général se substituera aux intérêts particuliers de classes, de coteries, d'entreprises industrielles et commerciales qui déterminent encore le plus souvent les votes de nos législateurs.

En effet, le suffrage universel est absolument incompatible avec un pouvoir héréditaire. Il ne peut prendre que des décisions temporaires. Changeant comme la population qu'il représente, il a tout au plus le droit d'engager la génération actuelle, et ne doit rien faire que ne puisse défaire à son tour la génération qui suivra. Car celle-ci aura toujours, nécessairement, une tendance à renier des engagements et des dettes dont elle n'aurait pas eu le profit, tout en étant appelée à en subir les inconvénients. C'est ce qu'oublient trop les ambitieux infatués qui basent l'établissement d'une dynastie sur les plébiscites, ou les administrateurs incapables qui rejettent sur les générations futures le paiement des emprunts dont ils chargent une nation.

Le pire est que le mal qu'a fait la Monarchie,

en entravant les progrès de l'Individualisme, peut durer longtemps encore après elle. Un peuple qui a vécu des siècles sous ce régime, a contracté des mœurs, des habitudes, des faiblesses dont il ne se défait pas en un jour. S'il paie souvent, comme le veulent les Ecritures, les fautes de ses ancêtres, c'est qu'il a hérité d'eux des tendances d'esprit qui les lui font plus d'une fois renouveler. Les gens qui ont acclamé Napoléon Ier étaient nés et avaient été élevés sous Louis XVI, et les luttes fratricides de la Convention n'étaient pas faites pour détruire en eux les habitudes de respect et d'obéissance qu'ils avaient héritées de leurs pères.

L'homme, nous l'avons dit, est avide de bien-être ; mais, par cela même, il a toujours préféré le bonheur obtenu avec le moindre effort. De même qu'autrefois il trouvait plus agréable de faire travailler ses esclaves que de travailler lui-même ; de même qu'il a cherché, toutes les fois qu'il l'a pu, à vivre aux dépens de ses semblables, soit en les dominant, soit en les trompant, soit même en les flattant ; de même, quand il vit sous un régime monarchique, il trouve plus facile et plus commode de devoir l'aisance et la tranquillité à la faveur du souverain, que de les acquérir par le travail. Et non seulement il s'habitue ainsi à la paresse et à la servilité, mais encore il transmet à ses enfants les aptitudes acquises, toujours fortifiées et développées, à chaque génération, par l'usage de plus en plus fréquent que l'on en fait.

Quand, dans un peuple ainsi soumis, depuis de longs siècles, au régime monarchique, le gouvernement républicain s'établit enfin, grâce au progrès des idées, à la rivalité de plusieurs familles royales, ou pour toute autre cause, il est aisé de comprendre que les mœurs politiques se ressentent néanmoins, et souvent pendant longtemps encore, de ces influences héréditaires. Les commerçants et les fabricants aiment mieux demander à la protection douanière un succès qu'ils ne pourraient obtenir qu'au prix d'études scientifiques et d'efforts persévérants ; si l'on ne peut plus recevoir des titres et des pensions, on sollicite encore un avancement, une perception, un bureau de tabac ; on obéit au préjugé antique en préférant vivre chichement, avec le titre d'employé du gouvernement, plutôt que d'acquérir dans le commerce ou l'industrie une fortune indépendante ; on reporte sur l'administration ce respect fétichiste qu'exigeait jadis la royauté, et, même armés du bulletin de vote, on voit, pendant longtemps encore, que les descendants des sujets d'une ancienne monarchie ont bien de la peine à vivre et à se conduire en véritables citoyens.

En voilà bien assez pour faire voir que, depuis cent ans, la Monarchie a été un obstacle au développement de l'Individualisme ; soit par les restaurations de Royautés ou d'Empires successivement et vainement entreprises ; soit par cet esprit de servilisme, et surtout par ce dédain de l'effort personnel qui s'entretenaient dans les esprits, et se transmettaient d'une génération à l'autre. Les exemples n'en sont que trop nombreux autour de nous ; les solliciteurs, par exemple, ne sont pas plus rares, sous notre République, qu'ils ne l'étaient sous l'ancien régime ; et même, par une conséquence assez logique, les plus acharnés étant ceux qui ont le mieux conservé l'esprit et les habitudes d'autrefois, il en résulte que les grâces et les faveurs sont souvent accordées, par un gouvernement républicain, aux plus avérés adversaires de la Démocratie.

# CHAPITRE V

## LA CENTRALISATION

La Centralisation est essentiellement monarchique. C'est la forme administrative qui consiste à n'avoir, sur toute la surface d'un pays, que des agents irresponsables, chargés seulement de transmettre aux sujets les ordres du souverain, et de veiller à leur stricte application. Un ordre, parti du centre, s'exécute ponctuellement jusque dans le dernier village ; on peut, à la rigueur, réclamer après l'exécution, si elle a amené de mauvais résultats, mais il faut obéir d'abord. La Centralisation a trouvé sa formule — en même temps peut-être que sa condamnation — dans cette phrase légendaire d'un Ministre de l'Instruction publique s'écriant, avec une satisfaction béate : « A l'heure qu'il est, on dicte un thême grec dans tous les collèges du Royaume ».

Jamais la Centralisation n'a été plus complète que sous les souverains que l'histoire a flétris du nom de *Tyrans*. Elle a été le rêve de tous les rois et de tous les empereurs. En supprimant toutes les résistances, toutes les oppositions, toutes les initiatives particulières, elle rendait le gouvernement d'un pays plus facile, et permettait au souverain la satisfaction de tous ses caprices. Avant 1789, une bonne partie de la France monarchique était soumise à ce régime administratif; quelques provinces seulement avaient encore leurs Etats particuliers, en vertu des traités qui les avaient annexées au royaume. Et, ce qui aurait bien dû faire réfléchir les hommes d'Etat de ce temps, c'étaient précisément celles qui payaient le plus facilement leurs impôts.

Conséquents avec eux-mêmes, les Constituants auraient dû, non seulement conserver cet embryon de décentralisation, mais même l'appliquer aux autres provinces; tout au plus ils en marquèrent le désir dans l'organisation sommaire et incomplète du *canton;* le fantôme d'une

République fédérative, dont on a attribué le projet aux Girondins, leur fit imaginer l'uniforme division du territoire en départements, trop peu étendus chacun pour devenir le centre d'une administration séparée, et le foyer d'une vie civique active et féconde. La difficulté des communications a pu leur faire illusion sur ces inconvénients; mais, en tout cas, l'illusion n'est plus excusable chez ceux qui ont assez vécu pour voir les conséquences de leur erreur.

Il est vrai que, dès 1792, la coalition européenne rendit cette centralisation nécessaire. Au moment où le Midi et l'Ouest soulevés doublaient le danger que les armées étrangères faisaient courir à la patrie, le Comité de Salut public concentra tous les pouvoirs entre ses mains, et soumit même tous les fonctionnaires, militaires ou civils, à l'autorité des commissaires par lesquels il se fit représenter partout.

Ce fut probablement le salut de la France. Malheureusement ce mode de gouvernement parut commode à tous les régimes suivantes, qui le conservèrent, jusqu'à l'heure ou le Premier Consul, hanté de la vision du pouvoir absolu, l'adopta, le fortifia, et l'étendit successivement à tous les pays annexés

Rien, pour ainsi dire, n'a été changé à cette administration impériale, véritable merveille de précision mécanique, dans laquelle le moindre mouvement fait au centre, correspondant à tous les rouages secondaires, préfets, sous-préfets, maires, procureurs généraux, commissaires, gendarmes, etc., etc., imprime par tout le pays, départements, arrondissements et communes, une impulsion unique et irrésistible. Le gouvernement républicain se sert, sans scrupule, de cette organisation chère à la Monarchie, croyant ainsi se rendre plus complètement maître du pays, et sans voir que, pour étouffer quelques velléités d'opposition de la part de monarchistes de plus en plus rares, il empêche le développement des initiatives, les habitudes de liberté, l'éclosion d'individualités disposées, par le sentiment même de leur propre valeur, à soutenir et à propager la Démocratie.

Aussi, dès qu'un citoyen se sent assez d'énergie pour s'élever au-dessus de la médiocrité générale, il cherche à Paris, ou tout au moins dans les plus grandes villes, un théâtre propice à son développement. De plus, obéissant à un reste de préjugé qui a survécu à la Monarchie, il se consacre à ce qu'on appelait les *carrières libérales*, dédaignant celles qui, comme le commerce et l'industrie, contribuent le plus à l'accroissement de la richesse nationale. Enfin, en cas d'insuccès, il tâche de se faire recommander par quelque notabilité politique, entre dans l'administration, et souvent retourne en province avec un emploi, pour y imposer de plus en plus le joug de la centralisation.

De son côté, le gouvernement espère trouver dans tout fonctionnaire un électeur dévoué, et se sent porté par cela même à en augmenter le nombre. On accuse volontiers le parlementarisme d'y pousser à son tour, chaque député ou sénateur étant désireux de multiplier ses clients et ses créatures; mais dans une République fédérative, comme celle des Etats-Unis, le même abus se produit à chaque élection présidentielle, quoique à un degré moindre, parce que, précisément en sa qualité de République fédérative, elle a un gouvernement moins centralisé, et par conséquent disposant d'une moindre quantité d'emplois.

Mais, si nombreux que puissent être en France ces emplois dépendant du gouvernement, ils ne suffiraient pas encore à satisfaire toutes ces ambitions locales que la centralisation étouffe.

Les moins chanceux végètent dans les provinces, et laissent souvent atrophiées des aptitudes, des talents même, qui eussent trouvé un emploi, utile à tous, dans une organisation administrative différente.

Si l'on réunissait quatre ou cinq de nos départements en une circonscription unique, ayant son Conseil général, avec des attributions importantes et un budget proportionné, on ne tarderait pas à trouver pour ce Conseil général des membres de valeur ; s'ils avaient à diriger la police, l'assistance publique, l'instruction, les chemins, les canaux, les cultes, la perception de l'impôt, leur considération croîtrait en raison de l'importance de leur mandat, et on ne les verrait pas, comme aujourd'hui, ne considérer leur titre de Conseiller général que comme un marche-pied destiné à les élever au Sénat ou à la députation.

Et, quoi qu'on en dise, les services publics ne péricliteraient nullement pour être entre les mains d'un Conseil général, assisté bien entendu d'un préfet, ou gouverneur, représentant du pouvoir central. D'abord, ils seraient plus économiquement administrés; contrôlés de plus près, ils comporteraient moins de coulages, de gaspillages et de sinécures; en second lieu, l'arbitraire serait moins fréquent, parce que les gouvernants seraient plus accessibles, les injustices plus vivement ressenties, et le cri de l'opinion publique plus facilement entendu.

On a prétendu, au contraire, que la décentralisation livrerait les particuliers à l'arbitraire de ces pouvoirs locaux fortifiés. Principalement à une époque politiquement troublée, comme la nôtre, où républicains et conservateurs se disputent le pouvoir jusque dans la moindre commune, les monarchistes, qui se voient presque partout les plus faibles, prétendent qu'ils seraient opprimés, et victimes des plus grandes injustices. C'est sans doute pour ce motif qu'ils combattent aujourd'hui cette réforme, qu'ils réclamaient à grands cris sous l'Empire. C'est mal juger la question; il est bien évident, au contraire, qu'un pouvoir local, fonctionnant sous les yeux de tous, et, du reste, soumis à de fréquentes réélections, ce qui est le plus efficace des contrôles, est plus directement, et plus sérieusement, responsable de ses actes que le représentant du pouvoir central, qui échappe, par la multiplicité de ses fonctions et par l'étendue du territoire qu'il administre, même au contrôle du Parlement, plus souvent préoccupé de questions de politique pure. Les tyrannies anonymes sont les plus indestructibles.

De leur côté, les fonctionnaires eux-mêmes, mieux surveillés et n'ayant à accomplir que des besognes nécessaires, travailleraient davantage; en même temps, malgré la multiplicité des administrations provinciales, leur nombre total diminuerait, par la suppression de ces pièces de correspondance qu'exige aujourd'hui le ministère spécial, dans l'impossibilité où il est de se rendre un compte exact de ce qui se fait, de ce qui manque, de ce qui devrait se faire sur tous les points du pays.

Chargés d'une besogne moins mécanique, se sentant une action plus directe et plus efficace sur les gens et sur les choses, les employés trouveraient à développer leur intelligence et leur initiative; il les faudrait plus capables, mais ils le deviendraient par la force des choses; par cela même du reste que leur nombre diminuerait, une sélection se ferait parmi les aspirants; à cause de ces nouvelles exigences, le niveau général intellectuel se trouverait relevé, et les autres carrières profiteraient de la qualité meilleure de ceux que l'administration n'aurait pu occuper.

N'est-ce pas là précisément ce qui se voit dans des pays où l'esprit général est plus pratique que chez nous ? Tout le monde sait qu'en Angleterre l'administration est plus décentralisée qu'en France ; par contre, les commerçants, les industriels y sont animés d'un esprit d'initiative bien plus puissant ; le monde entier est rempli d'Anglais qui cherchent à placer les produits de leur pays ; la plupart des colonies anglaises ont été fondées par des particuliers ou des compagnies, et quand ces pionniers résolus et intelligents ont créé des comptoirs, entamé des relations commerciales avec les indigènes, le gouvernement n'a plus qu'à envoyer un représentant, et parfois quelques soldats, pour constituer un établissement national. C'est peut-être pour cette raison que les colonies sont une source de profits pour l'Angleterre, tandis qu'elles nous coûtent, à nous, sans résultat appréciable, tant de millions et la vie de tant de soldats !

Les esprits, il est vrai, sont tellement façonnés, par l'hérédité et par l'éducation, à admirer notre antique et encombrante machine gouvernementale, qu'on aurait grand'peine à leur persuader que les services énumérés plus haut gagneraient à ne plus être concentrés dans une seule main ;

et pourtant un peu de réflexion suffit à faire voir que, par l'infinie multiplicité des détails, ils échappent précisément à ce haut contrôle dont on admire de confiance les bons effets; quiconque a eu affaire dans les ministères est bien obligé de reconnaître que les vrais ministres sont, non ces brillantes individualités politiques qui en portent le nom, mais en réalité d'obscurs employés, qui préparent presque toutes les décisions que l'illustre titulaire a bien juste le temps de signer.

Aussi les petits budgets des départements sont plus économiquement gérés que celui de la France; nul ne doute que, si les conseils locaux avaient la haute main sur le personnel des ponts et chaussées, de l'enseignement, des finances, etc., etc., ces services coûteraient moins cher, les travaux seraient plus promptement exécutés, et les fonctionnaires gagneraient, en valeur propre, en initiative et en activité, tout ce que leur fait perdre l'habitude d'obéir machinalement, et avec le moindre effort possible, à des ordres, à des plans, ou pour mieux parler à des routines longuement et minutieusement développées dans des circulaires élaborées à Paris.

Même dans un département, et à plus forte

raison dans une circonscription administrative qui égalerait l'étendue de plusieurs de nos départements, il y aurait encore de l'utile décentralisation à faire. On se plaint journellement de la dépopulation des campagnes ; ceux qui les connaissent bien ne s'en étonnent pas. Quand on a vu de près les misérables petites communes rurales dont l'agglomération compose la plupart des cantons, quelquefois au nombre de vingt dans un canton qui ne compte pas dix mille habitants ; quand on a pu se rendre compte de leur pénurie qui ne leur offre aucune ressource pour assister leurs malades, leurs vieillards et leurs pauvres ; quand on s'est aperçu que tout y dépend d'un gros industriel ou fermier, ou d'un riche propriétaire, qui y peut, à son gré, jouer le rôle d'un véritable pacha, à l'abri de toute résistance et de tout contrôle (1), on ne s'étonne plus que leurs habitants les désertent pour les villes, cherchant, malheureusement bien à tort, une vie plus assurée et plus libre dans les ateliers et les manufactures.

Et non seulement cette situation précaire des

---

(1) Voir *La République utile*, p. 80 et 107.

communes rurales favorise la dépopulation des campagnes, mais encore elle est la cause réelle de l'accroissement de la mendicité et du vagabondage. L'intervention des machines, dont se plaignent les ouvriers des usines, se manifeste également dans les travaux de l'agriculture, et y produit les mêmes effets; l'ouvrage, facilité par elles, devient plus rare, principalement en hiver; trop pauvres pour secourir leurs indigents, les communes sont bien obligées de les laisser mendier, et il est même des maires qui, pour mieux se débarrasser d'eux, leur délivrent un certificat d'indigence en les autorisant, en les engageant peut-être, à aller le présenter, de porte en porte, comme un titre à la charité publique.

Le Parlement, frappé de cette situation déplorable, a récemment voté une loi permettant aux communes de se syndiquer; mais quel résultat en espère-t-on? Pour peu qu'une commune se sente un peu moins dénuée que sa voisine, elle refusera toute solidarité avec elle, et il faudra bien, à quelque jour, rendre ces syndicats obligatoires, pour atteindre le but qu'on avait en vue. Bien loin de là! hanté par ce que l'on appelle *l'Esprit de gouvernement,* et qui n'est que l'héritage pieusement transmis des monarchies, le législateur a eu bien soin d'indiquer, dans son exposé des motifs, que son projet n'avait rien de commun avec une *organisation cantonale* quelconque.

Or c'est précisément là la seule solution pratique, et le véritable couronnement de cette œuvre de décentralisation, qui multiplierait, sur toute la face du pays, le nombre des *Individus,* de ces Individualités actives, éclairées, donnant l'exemple du mouvement, de l'indépendance, des initiatives, formant pour les mandats supérieurs une pépinière de conseillers généraux, de députés et de sénateurs.

Qu'est aujourd'hui le Maire d'une commune? un agent de l'autorité centrale. La République n'a pas voulu, ou n'a pas osé, continuer à le faire nommer par le préfet ou par le ministre; mais la loi même qui rendait aux Conseils municipaux le droit primordial d'élire leur Maire a eu bien soin de lui conserver son caractère de subordonné du Pouvoir Exécutif. Un délégué choisi par le suffrage universel pour représenter la commune, et défendre ses intérêts dans le sein d'un Conseil cantonal, serait un bien autre personnage, absolument indépendant et n'ayant à répondre de son mandat que devant ses électeurs.

Ce Conseil cantonal lui-même, dans une organisation raisonnablement décentralisée, devrait réunir en un seul les budgets de toutes les communes du canton, régler et surveiller tous les services locaux, police rurale, répartition de l'impôt, administration des écoles, assistance publique, le tout avec une indépendance que ne peuvent avoir, vis-à-vis d'un Maire qui les nomme ou les désigne, les gardes-champêtres, les répartiteurs, les instituteurs-secrétaires de mairie, les économes d'hospices communaux — quand ces hospices existent. Ajoutons que précisément là où il n'y en a pas, les ressources d'un canton permettraient de les créer et de les entretenir.

On se plaint, sur bien des points, de la médiocrité des sujets qui se présentent devant les électeurs pour obtenir ces mandats locaux ; mais on ne réfléchit pas, d'une part, que des hommes d'une certaine valeur se sentent peu attirés par des fonctions sans importance, en raison des très médiocres attributions qui leur sont réservées; et, de l'autre, que ceux qui les acceptent se trouvent tout naturellement à la hauteur de leur mandat, sans études spéciales, sans effort intellectuel nécessaire pour se rendre dignes de le remplir.

De leur côté, les électeurs ne voient pas la nécessité d'être bien sévères dans leur choix, comme ils le seraient, si leurs élus devaient avoir, dans les conseils locaux, à s'occuper de leurs intérêts les plus pressants ; un homme accueillant, aimable, riche, et surtout généreux, leur paraît très suffisant, du moment qu'ils n'ont pas à lui demander autre chose que les petites faveurs, départementales ou municipales, qui peuvent dépendre de son intervention.

Et même cette indifférence se manifeste dans des élections d'une plus haute importance, mais alors pour un motif un peu différent : si déjà un conseiller général ne peut guère modifier la politique locale d'un préfet, que peuvent un député ou un sénateur sur la politique générale d'un ministre ? Une fois nommés, ils échappent à peu près complètement au contrôle de leurs mandants ; ils oublient, dans des intrigues de couloirs, les intérêts locaux pressants, ou les subordonnent aux intérêts particuliers du groupe dont ils font partie. Leur personnalité, la plupart du temps, se perd dans les délibérations confuses de six cents parlementaires, et souvent, au bout de quatre ans, leurs électeurs les renomment, ou les remplacent, sans savoir au juste dans quel sens ils ont voté.

Qu'un grand pays ait une politique générale, à laquelle bien des intérêts locaux doivent être sacrifiés, rien de plus juste. Mais au moins ces intérêts locaux devraient être débattus par d'autres mandataires que ceux qui ont la charge de la politique générale. Ces mandataires locaux n'en seraient que plus indépendants du pouvoir central, et, répétons-le, acquerraient les capacités spéciales nécessaires pour le règlement des intérêts qui leur seraient confiés.

Une grave considération de politique intérieure milite encore en faveur de la décentralisation. On réclame sans fin contre le parlementarisme, et on va même jusqu'à le rendre responsable de l'avortement de la plupart des réformes réclamées par le suffrage universel. Il y a du vrai dans ce reproche, mais ce n'est pas au régime parlementaire en lui-même qu'il faut l'adresser; c'est encore là l'extrême centralisation qui est la cause directe du mal. Si les ministères étaient déchargés de tous ces services administratifs que nous avons vu que les administrations locales pouvaient plus avantageusement diriger, ils n'auraient pas à pourvoir à la nomination de plusieurs centaines de mille d'employés; les députés, dans l'intérêt de leur réélection, n'auraient pas, à chaque instant, à solliciter quelque ministre; plus indépendants les uns des autres, ministres et députés cesseraient de se préoccuper de questions de personnes, d'intrigues de couloirs, de coalitions de groupes; les majorités se formeraient sur des programmes d'affaires, les questions ne seraient plus résolues que par des gens qui auraient le temps de les étudier, et les cabinets pourraient durer jusqu'à ce que les réformes qu'ils auraient promises fussent accomplies.

Enfin, un affaiblissement général des caractères résulte de cette multiplicité exagérée des fonctionnaires. Comme on a, de tout temps, remarqué que les ouvriers employés à la journée travaillaient avec moins d'ardeur que ceux qui étaient employés à la tâche, il est aisé de comprendre que des hommes qui reçoivent un traitement fixe sont naturellement portés à réduire leur besogne au strict nécessaire. De plus, la hiérarchie administrative fait dépendre l'avancement des fonctionnaires inférieurs des *notes* fournies sur leur compte par leurs supérieurs; de là, à tous les degrés de l'échelle, un servilisme, une absence de dignité et d'indépendance peu compatibles avec les droits que comporte, et les devoirs qu'impose une Démocratie. Une nation tout entière composée de fonctionnaires, ce serait le rêve d'un monarque absolu.

De ces explications, — un peu confuses peut-être, en raison des multiples avantages que comporterait une réforme administrative complète, — ce qu'il faut dégager par dessus tout, c'est la démonstration de la proposition énoncée au cours de ce chapitre, à savoir que la *centralisation,* héritage imprudemment accepté de la monarchie, s'oppose au développement général, dans un peuple, des intelligences, des capacités administratives et des études qu'elles exigent, de cette passion du bien public qui fait les hommes utiles et qui les fait rechercher par la multitude — et, pour tout dire en un mot, à la multiplication des *Individus.*

# CHAPITRE VI

## LES MONOPOLES

Comme la centralisation, les monopoles sont d'origine monarchique. Monarchie et monopole sont de même essence, comme l'indique leur commune étymologie : si Monarchie signifie le gouvernement d'un seul, Monopole veut dire privilège accordé à un seul de fabriquer certaines choses ou d'en trafiquer. On comprend aisément que ce privilège prive une foule de particuliers des bénéfices qu'ils auraient pu acquérir, et que par conséquent, non seulement il risque de diminuer la fortune publique, mais encore — et c'est là ce qui tient à notre sujet, — il diminue également le nombre des Individualités. C'est ce que démontrera un examen, même sommaire, des principaux monopoles conservés ou créés par l'Etat depuis un siècle.

Dans une précédente Etude (1), nous avons signalé l'origine et les inconvénients des monopoles attribués aux officiers ministériels, notaires, avoués, agents de change, etc., etc. ; nous n'avons qu'à les rappeler sommairement ici. Il faut pourtant insister particulièrement sur ce fait, que la gratuité de la justice, si souvent et si vainement promise, ne pourra s'obtenir complètement que par la suppression du monopole des avoués et des avocats ; le Parlement eût-il eu le courage, qui semble devoir lui manquer longtemps encore, de chercher une ressource pour remplacer l'enregistrement et le timbre, qui sont pour une bonne moitié dans ce que l'on appelle communément les *frais de justice,* eût-il réformé le Code de procédure, au point de réduire les *pièces* et les *vacations* au strict minimum, on comprend cependant que les officiers ministériels ne pourraient pas *occuper* gratuitement pour les plaideurs. Avec la liberté absolue seulement, mère de la concurrence, le plaideur pauvre aurait

(1) Voir *La République utile,* p. 137.

possibilité de trouver, pour rien ou à peu près, de jeunes défenseurs désireux de se faire une clientèle.

On peut dire en général que, quand une loi n'est pas appliquée, c'est qu'elle est mauvaise; il est certain en effet qu'il faut, pour cela, qu'elle ne réponde pas aux mœurs, aux habitudes, aux idées de la majorité de la population. Cette réflexion peut s'appliquer au monopole des agents de change; en fait, et en dépit de la loi qui l'a créé, on pourrait dire qu'il n'existe plus, tant est grand le nombre des affaires de bourse qui se font sans eux, par ce que l'on appelle la *coulisse*. Alors à quoi bon le conserver? Dans toute mécanique, un rouage devenu inutile ne doit jamais être conservé, car il devient plutôt un obstacle à son bon fonctionnement, et même parfois un danger.

Mais il y a mieux; quand les représentants du pays montent à la tribune pour accuser la spéculation, et demander contre elle des mesures répressives, ne pourrait-on pas leur répondre qu'eux-mêmes, ou leurs prédécesseurs, ont précisément fait ce qu'il fallait pour la favoriser? Si le jeu de la Bourse est nuisible, il n'aurait pas fallu donner, en quelque façon, l'investiture

10

gouvernementale à ceux qui en sont les agents, les revêtir du titre d'officiers ministériels, en fixer le nombre, les faire nommer par l'Etat, exiger d'eux un cautionnement, en un mot les signaler au public comme des gens recommandables, spécialement chargés d'une fonction indispensable au pays.

Que si, au contraire, la spéculation est utile, malgré l'abus que certaines gens en font; si c'est grâce à elle que les denrées de consommation courante se trouvent toujours disponibles sur le marché, que les capitaux s'offrent journellement à tous les emplois, et notamment à l'Etat pour les grands travaux publics; si l'on comprend qu'il suffit, pour réprimer les abus de la spéculation, de la laisser libre, en ce sens que cette liberté profiterait aux transactions utiles, tandis que les responsabilités légales et l'action des tribunaux protégeraient le public contre celles qui ne tendent qu'au jeu; on voit que ce monopole n'a plus sa raison d'être.

Mais il y a, au contraire, tout lieu de croire que, aussi bien que celui des notaires, avoués et huissiers, il est destiné à vivre longtemps encore. Les mœurs, les habitudes, les traditions, le manque d'initiative, tout, en France, pousse à leur multiplication. Les transports, au lieu d'être libres, comme à peu près partout, sont concédés par le gouvernement ou les administrations municipales; quand il s'est agi de créer des voies ferrées, des compagnies privées les ont obtenues, par réseaux séparés, de façon à éviter soigneusement toute concurrence. Le service de la poste est aux mains de l'Etat, et, quand la vapeur a rapproché les distances et permis d'établir des correspondances régulières à travers l'Océan, il a cru devoir subventionner des compagnies spéciales, afin probablement de voir se prolonger ce monopole, même au-delà des frontières du pays.

Il est bien inutile de démontrer que toutes ces concessions paralysent une quantité, difficile à chiffrer, d'efforts individuels. Mais il n'est pas hors de propos de montrer qu'en même temps elles paralysent les perfectionnements et les progrès. Ainsi l'Etat, ou les communes, toujours à court d'argent, prélèvent leur part dans les bénéfices de certaines compagnies, et, pour ce motif, se sentent liés vis-à-vis d'elles et incités à prolonger leur monopole. C'est ainsi que l'on voit le Conseil municipal de Paris, qui partage les bénéfices des Omnibus et du Gaz, ne pouvoir aboutir à doter la capitale d'un métropolitain, de tramways assez nombreux, ou de l'éclairage électrique, tous perfectionnements beaucoup plus avancés à l'étranger que chez nous.

Les trains de nos chemins de fer vont moins vite qu'en Angleterre ; les trajets, très fréquentés entre villes de grand commerce, ne sont desservis que par une ligne sans concurrence ; les tarifs, malgré les efforts des députés, ne peuvent s'abaisser, par le même motif. Mieux encore, après avoir concédé les lignes les plus productives à des compagnies privilégiées, il a fallu composer avec elles pour leur faire construire un réseau moins avantageux, mais indispensable aux populations jusque-là déshéritées ; de là ces *conventions* qui mettent à la charge de l'Etat une subvention annuelle, et sans cesse grossissante, pour maintenir, au profit des actionnaires, des dividendes dont certains s'élèvent à près de 20 °/₀ du prix d'émission des actions.

Ajoutons, puisque nous en sommes sur ce chapitre, que les compagnies, ainsi assurées de forts dividendes irréductibles, construisent leurs lignes secondaires d'une façon aussi coûteuse que les lignes principales, et qu'elles en établissent à peu près partout où l'Etat en demande, c'est-à-dire souvent dans des pays sans trafic, et dans un pur intérêt électoral. Or, sous le régime de la liberté, tout eût été fait avec calcul, avec mesure, comme il arrive toujours quand les intérêts particuliers sont seuls en jeu ; il ne se serait fait de lignes nouvelles que là où le trafic probable en eût fait espérer une rémunération suffisante ; et surtout l'importance de ces lignes, leur prix de construction, l'écartement des rails, la valeur du matériel et des bâtiments eûssent été strictement proportionnés à ce trafic et à cette rémunération.

On a cru devoir voter des primes à la marine marchande ; s'est-on seulement enquis des causes du marasme dont elle se plaignait ? Probablement non, car alors on aurait vu que la principale était dans la concurrence que lui font les grands Transatlantiques subventionnés par l'Etat. Nouvel exemple des responsabilités qu'assument les pouvoirs publics, toutes les fois qu'ils se hasardent à substituer leur action arbitraire au libre jeu des lois naturelles. C'est ainsi qu'on voyait, dans la grande enquête qui a précédé le rehaussement des tarifs de douane de 1881, les fabricants de chaussures réclamer la protection, en compensation de celle que l'on voulait accorder à la tannerie, ou les rubaniers de Saint-Etienne n'accepter le libre-échange que si l'on ne protégeait pas les filés de coton, qu'ils considéraient comme la matière première de leur industrie.

Mais nous n'en avons pas encore fini avec les monopoles proprement dits. Il en est contre lesquels personne ne proteste, soit parce qu'on y est dès longtemps habitué, soit même parce qu'on leur croit une certaine utilité au point de vue de l'hygiène et de la sécurité publiques, soit enfin parce que l'Etat y trouve des ressources considérables, qui diminuent d'autant les impôts ; tels sont les monopoles du tabac, des poudres, dont on peut dire d'ailleurs que, si ce sont des impôts, ce sont du moins des impôts volontaires, puisqu'on peut y échapper en ne consommant pas les substances qu'ils renchérissent, et qui ne sont que des objets de pur agrément.

Eh bien ! il est tellement de l'essence du monopole d'être nuisible, qu'à ceux-là même, en les étudiant à fond, ou pourrait encore trouver certains inconvénients. Le tabac, par exemple, ne doit être cultivé, en France, que dans quelques régions, et l'octroi de ces autorisations de culture comporte naturellement de l'arbitraire, des faveurs et parfois même des moyens électoraux. Qui sait, d'ailleurs, aujourd'hui que la culture du blé passe pour ne pas être rémunératrice, si nos paysans ne trouveraient pas de précieuses compensations dans la liberté qui leur permettrait de récolter du tabac, à leurs risques et périls ?

Il en est de même du monopole de la Banque de France, aujourd'hui du reste sérieusement combattu par des Economistes. La Banque, incontestablement, a rendu de grands services, notamment en 1871 ; mais, quand on se plaint du crédit si difficile, principalement pour les cultivateurs, on oublie que ce privilège de la Banque en est bien quelque peu la cause. Ce serait une longue démonstration, et un peu en dehors de notre sujet ; mais il est constant que la Banque a été fondée spécialement par et pour le gros commerce et la grande industrie ; elle exige de ses clients des garanties excessives qui prouvent qu'elle n'a aucune concurrence à redouter. Et, au surplus, constatons seulement que ce crédit, si rare sous le régime d'une Banque unique, est accessible à tous en Ecosse, où la liberté les a multipliées.

Enfin, pour prouver — ce qui est notre but essentiel — que les Monopoles sont au nombre des obstacles créés ou conservés par la Bourgeoisie issue de la Révolution, dans le but d'empêcher le développement des Individualités, il suffirait presque de montrer que les Individualistes d'aujourd'hui demandent la suppression de ceux qui existent, tandis que les Collectivistes voudraient les voir se multiplier encore. Ils les considèrent comme un acheminement à l'application intégrale de leur doctrine; il n'y aura plus qu'à les faire passer entre les mains de l'Etat. Quand les Protectionnistes réclament l'augmentation, et les Economistes la suppression des droits de douane sur le blé, les Collectivistes proposent de mettre entre les mains du gouvernement le monopole de ce commerce. Après quoi, ils l'engageront à s'emparer des Chemins de fer, tandis que la Ville de Paris deviendra propriétaire des Omnibus, des Tramways et des Usines à gaz.

Or, un des plus sûrs effets de ces monopolisations serait de transformer en fonctionnaires, dépendants de l'Etat, tous les employés de ces administrations privées, sans compter les petits et moyens industriels, qui, au contraire, leur feraient concurrence sous un régime de liberté. Ajoutons même que très certainement leur nombre augmenterait, à en juger par le peu de besogne qu'ont l'habitude de faire tous les employés d'une administration quelconque; du reste, gouvernement ou non, plus une administration a d'étendue, plus elle comprend de services divers, et moins le contrôle y est possible et les responsabilités efficaces. Enfin, la différence qu'il y a entre un homme attendant de la faveur de ses supérieurs l'amélioration de sa position, et celui qui sait qu'il ne devra son avancement et son bien-être qu'au développement de ses qualités personnelles et de son courage, c'est là précisément la différence que nous avons cherché à bien faire saisir, entre un homme quelconque et ce que nous appelons un *Individu*.

Le malheur est que ces monopoles répondent un peu à une des qualités que l'on reconnaît généralement à l'esprit français, l'ordre, la précision, la netteté. Seulement, c'en est l'exagération ; il semble que tout devra aller mieux dans des cadres bien définis, et fait par des classes de personnes bien délimitées. Aussi on peut dire que la France est le pays d'élection des monopoles.

Même là où ils n'existent pas de fait, nous cherchons encore à nous en rapprocher; chez nous, beaucoup de professions exigent des diplômes; les plus importantes ne sont accessibles qu'aux jeunes gens qui ont passé par des écoles spéciales. Peut-être n'y a-t-il pas grand mal à dire des diplômes; même après la suppression de tous les monopoles, et sous le régime de la liberté absolue, on comprendrait encore que, dans un intérêt public très respectable, un médecin, un avocat ne pussent s'occuper de la santé ou de la fortune d'autrui sans être munis d'un diplôme qui fût, non une preuve, mais une présomption de leur capacité.

Quant aux écoles spéciales, il est permis de se demander si elles sont indispensables. Un examen à l'entrée de chaque carrière aurait certainement son utilité, à quelque enseignement que le candidat eût puisé les connaissances nécessaires pour le subir; c'est ce qui se passe en Angleterre, où les travaux de toute nature s'exécutent avec autant de succès, parfois même avec moins de dépense que chez nous; dans les plus grandes entreprises, on y préfère comme Directeurs, ceux qui, ayant travaillé de leurs propres mains, sont mieux préparés pour le contrôle et pour l'appréciation du travail des autres. Pour ce qui est des choses militaires, on a dit souvent que, à science théorique égale, le meilleur officier, celui qui tenait le mieux ses hommes en main, et que ses hommes aimaient le mieux aussi, était celui qui avait débuté comme simple soldat.

En tout cas, cette obligation de passer par les écoles spéciales pour avoir droit à certains grades, titres ou emplois, réduit nécessairement le nombre de ceux qui peuvent y aspirer, refoule les autres dans les rangs inférieurs de la société, et prive incontestablement le pays de bons et utiles serviteurs. En suivant l'exemple de ce qui se fait en Angleterre pour l'industrie, en ouvrant les plus hauts rangs à la libre concurrence de toutes les capacités, on exciterait une émulation universelle, un déploiement de toutes les ambitions, et, par suite, la culture de nombre d'intelligences qu'un système opposé laisse s'atrophier et s'éteindre.

Au fond, ces inconvénients n'échappent pas complètement, au moins aux plus éclairés de nos législateurs; les bourses nombreuses accordées aux familles modestes dont les enfants montrent de l'intelligence, sur les crédits qui sont votés à chaque Budget, sont destinées à y obvier en partie. Mais ce n'est là qu'un palliatif, une de ces demi-mesures auxquelles la classe dirigeante se résigne, de temps à autre, depuis un siècle, dans le vain espoir d'échapper à la pleine application des principes d'absolue liberté proclamés en 1789.

En effet, le mal est dans l'organisation même de l'enseignement, tel qu'il est compris en France. On ne sait quand aboutira un projet de loi, mis en discussion au Parlement depuis des années, qui tend à autoriser la création de plusieurs centres d'enseignement, sous le nom d'Universités, au lieu de cette Université unique, création d'un autocrate, et qui, paralysée par le manque de concurrence et d'émulation, respecta, et impose encore aujourd'hui, le système d'éducation inventé par les Jésuites au seizième siècle. Ce besoin de décentralisation pédagogique est si universel, que les Universités catholiques se soutiennent, malgré leurs tendances hostiles à un ordre de choses accepté par la très grande majorité du pays.

De même, une sorte de Mandarinat scientifique règne dans toutes les Académies ; grâce à elles, il y a en France une science officielle et une science d'opposition ; c'est la première qu'il faut embrasser si l'on veut se faire une position et une fortune. Aussi les savants étrangers font plus de découvertes que les nôtres, et cette hiérarchie étouffante, là comme dans tout le reste, s'oppose à la multiplication des capacités, ou — répétons-le toujours — des *Individus*.

---

# CHAPITRE VII

## LES RELIGIONS D'ÉTAT

Quand les Constituants de 1789 se mirent à l'œuvre, ils reculèrent devant la liberté des cultes comme devant la liberté d'association. De même que, après avoir souffert des corporations, ils prohibèrent toute association de travailleurs, de même, encore tout endoloris de la tyrannie du clergé, ils craignirent que la liberté ne lui permit de recouvrer son influence, et ils commirent la grosse faute de le subordonner à l'autorité civile.

La liberté de la pensée humaine n'est pas un droit, c'est un fait. La pensée est incompressible, et les persécutions ne font que l'affermir. La liberté de penser est une liberté intérieure, par opposition à la liberté extérieure, qui est celle d'aller, de venir, d'agir, de posséder, de parler; si la liberté extérieure a une limite, qui est la liberté d'autrui, la liberté intérieure n'en a aucune, puisqu'elle ne peut gêner autrui en quelque façon que ce soit.

La croyance, la foi religieuse de chaque citoyen est donc libre de tout contrôle; mais — et c'est ce que les fanatiques ne comprennent pas — ses manifestations doivent subir le contrôle du pouvoir social, parce qu'elles peuvent se heurter à des manifestations contraires, et amener des désordres matériels, ou tout au moins du trouble dans les esprits. Par la même raison, si le droit de réunion est imprescriptible, il n'en est pas de même du droit d'association. Si vous vous réunissez, même pour prêcher ou propager une religion quelconque, vous ne faites tort à personne; ceux que vous ne convainquez pas peuvent se retirer, et même aller faire une réunion différente autre part. Mais une association permanente, avec ses statuts, son règlement, son administration particulière, ses actes publics, a besoin, pour vivre, de l'autorisation de l'Etat; c'est une personnalité civile, et l'Etat a le droit de constater si son but, ses ressources, qui sont une part des ressources nationales, ne font courir aucun danger à la nation.

Cela ne veut pas dire que ce droit d'association doive être refusé aux sectateurs d'une religion quelconque; bien loin de là! Mais ils doivent, dans l'intérêt public, se soumettre au contrôle de l'Etat. Rien de plus; aller plus loin, c'est empiéter sur la liberté de la conscience, et c'est précisément ce que l'on fait encore presque partout en Europe.

Eclairés par quelques années de liberté, et peut-être surtout par les guerres civiles qu'avait provoquées la constitution civile du clergé, les Conventionnels réparèrent la faute commise par les Constituants, et la liberté absolue des cultes fut proclamée dans la constitution de l'an III. Cela dura quatre ans, pendant une période très troublée au point de vue politique, très brillante au point de vue militaire, et qui n'est guère bien connue que par ses côtés extérieurs. Au point de vue religieux, le calme se fit dans les esprits; presque toutes les communes de la République rouvrirent les églises, et le culte se rétablit aux frais des fidèles, sans rien coûter au trésor public.

On a fait grand bruit, dans les histoires inspirées par l'esprit bourgeois et conservateur, du soi-disant rétablissement du culte par le Concordat de 1800. Le vrai est que ce fut un acte de pure politique, qui ne fit que consacrer un état de choses existant. La religion n'y gagna rien ; mais l'Eglise y gagna un budget fourni par la nation, et Bonaparte y gagna les voix des conservateurs, encore tremblants au souvenir de 1793, et qui lui conférèrent successivement les titres de Consul à vie et d'Empereur.

Mais la suite montra bien que l'Eglise accepte toutes les concessions, sans en faire elle-même aucune. Elle fut contre l'Empire en constante et secrète opposition, et devint l'un des principaux instruments de sa chute. Bonaparte avait rêvé de faire du clergé une sorte de gendarmerie morale, mais le clergé ne travaille jamais que pour lui-même, et il le lui prouva bien. Seulement n'oublions pas que la population fit cause commune avec le clergé contre lui, non pas parce qu'elle croyait défendre la religion, mais parce que le gouvernement ne représentait pas la liberté.

Car, au fond, et quels que soient les liens de l'habitude qui la rattachent à l'Eglise, la population pratique, plus ou moins consciemment, la pleine liberté de conscience. L'appui de l'Etat fait, de nos jours, plus de mal que de bien à la religion. Nous comprenons tous, un peu confusément peut-être, qu'un peuple peut déléguer, à un seul homme ou à quelques-uns, le soin de juger, d'emprisonner, de légiférer, de faire même la guerre ou la paix en son nom, mais qu'il n'a ni le droit, ni la possibilité, de leur déléguer le soin de penser, de croire, de prier pour lui.

Chaque jour ces idées se répandent de plus en plus, se fortifient, prennent possession des esprits. On ne tardera pas à se demander s'il peut être permis à un gouvernement de s'ériger en juge des croyances; de décider du mérite des religions, et de leur plus ou moins grande concordance avec les mœurs, les idées, les habitudes d'une nation; de décréter, en conséquence, que telle ou telle religion sera subventionnée, et les autres pas; d'employer au profit d'une, ou de deux, ou de trois religions comme en France, l'argent prélevé sur l'ensemble de la population. C'est proscrire certaines religions au profit de certaines autres, ou imposer double charge aux citoyens qui voudraient en soutenir une particulière à leurs dépens, ou les priver même, s'ils sont indigents, du droit d'élever leurs enfants dans la religion à laquelle ils croient. Grosse injustice, car, à tant faire que de vouer l'enfant à une croyance quelconque, avant qu'il soit en état d'en adopter librement une, il n'y a que la famille qui ait ce droit.

Il en est nécessairement de même de l'éducation. S'il est une liberté sacrée, c'est bien celle-là; rien ne doit entraver le père de famille dans le choix de l'éducateur de son enfant; aucune pression, même morale, n'est légitime en pareil cas. Car la religion n'est qu'une forme de l'éducation, et même toutes les religions, et à toutes les époques, ont réclamé pour elles ce droit à l'éducation, ce qui est conforme à leur essence et à leurs prétentions.

Une religion n'a sa raison d'être, sa force d'expansion, sa puissance sur les esprits qu'à la condition de contenir et d'enseigner ce qui passe pour la vérité absolue. Discutée, soumise à l'analyse, au contrôle, à la vérification, elle peut bien encore être une science, mais elle n'est déjà plus une religion. Aussi, dans leur intérêt positif, toutes les religions ont réclamé la direction des écoles. Et, dans les pays où l'éducation relève du contrôle de l'Etat, le clergé a toujours été à la tête de ceux qui demandaient la liberté de l'instruction.

De même, et toujours dans ce but de domination qui ne les quitte jamais, les religions ont cherché à s'appuyer sur les puissances civiles, à se faire reconnaître, adopter, en un mot, à s'ériger en religions d'Etat. Mais un Etat qui veut rester indépendant, qui prétend représenter une population libre, doit s'affranchir de ce partage d'autorité, et proclamer la liberté absolue des cultes. Et, par liberté absolue, il faut entendre que l'Etat ne subventionne aucun clergé; non seulement c'est un droit pour lui, mais c'est même une nécessité.

En effet, on a toujours vu les clergés obéir à ce besoin impérieux, signalé plus haut, de mettre la main sur les écoles : qui tient l'enfant tient tout; surtout dans un régime de suffrage universel, où l'électeur est la source de tout pouvoir, et où on a la chance de lui voir, comme homme, appliquer les principes qui lui ont été inculqués quand il était enfant. Si l'Etat, pour défendre ses principes — et il en a, d'aussi indiscutables, d'aussi nécessaires qu'une religion peut en avoir — institue des écoles publiques, gratuites même s'il le peut, le clergé, usant de toutes les ressources que la foi, quelquefois même la politique, met à sa disposition, ouvre école contre école, faculté contre faculté, université contre université. C'est la lutte utile, la rivalité féconde, la vraie liberté qui donne à chaque citoyen la possibilité de choisir, pour ses enfants, l'instruction qui lui convient.

Mais il faut que cette lutte soit égale. L'Etat, nous l'avons dit, a ses principes comme les religions; le désaccord même qui existe partout entre le droit civil et le droit canonique prouve que ces principes sont incompatibles; l'Etat peut donc avoir besoin, comme représentant la majorité de la nation, d'enseigner ces principes et même d'essayer de les faire triompher. Or, quand il subventionne un clergé, il lui donne des armes contre la société civile; l'argent que le prêtre serait obligé de demander aux fidèles pour vivre lui-même, et pour entretenir son culte, il l'emploie à ouvrir des écoles, à faire concurrence à l'enseignement de l'Etat, à miner les fondements de la société, donnant ce spectacle singulier, et peu moralisateur, de fonctionnaires qui sapent impunément les bases de la société même qui les paie.

C'est le fait particulier de l'Eglise catholique.

Sous tous les régimes, ouvertement ou non, elle a cherché à dominer. Aujourd'hui, loin d'abdiquer ses prétentions, elle s'est longtemps compromise dans une alliance avec les monarchies disparues; et même, depuis qu'elle affecte de s'être désintéressée de toute restauration de ce genre, elle sert encore de paravent et d'instrument aux ennemis de la Démocratie. Elle crée donc à celle-ci l'obligation de se défendre, et c'est pourquoi le gouvernement de la République, dans l'intérêt de sa conservation, ne peut encore laisser appliquer la liberté absolue de l'enseignement, qui fait partie de son programme.

Dans un avenir probablement prochain, cette liberté s'épanouira, comme bien d'autres qui demandent, pour en jouir et pour les appliquer avec fruit, des hommes mieux préparés, plus instruits, plus indépendants que peuvent l'être les descendants de tant de générations soumises, sous le joug de rois absolus et de prêtres intolérants, à l'arbitraire, à l'ignorance, à la guerre permanente, aux famines périodiques, aux épidémies meurtrières. Mais encore une fois, elle exige, pour son application, deux choses : le renoncement sincère de l'Eglise catholique à la domination temporelle, et la suppression radicale du budget des cultes.

Et encore est-ce une question de savoir s'il n'y a pas un intérêt national à conserver entre les mains de l'Etat l'enseignement supérieur, celui qui est nécessaire pour former des juges, des médecins, des avocats. Tout au plus pourrait-on dire que ce soin cesserait de lui incomber, au fur et à mesure que, comme aux Etats-Unis d'Amérique, l'initiative privée y aurait suffisamment pourvu, par la création d'écoles et d'universités armées du capital et de l'outillage nécessaires.

En résumé une religion d'Etat implique, pour ainsi dire, l'éducation du peuple par le clergé. En tout cas, elle la favorise. Sous la Monarchie, les principaux éducateurs étaient les Jésuites dans les villes, et les Curés dans les campagnes. De nos jours, un budget de 150 millions est nécessaire pour soutenir la lutte contre les Congrégations. Or, quand il s'agit de faire des citoyens libres dans un pays libre, le choix des maîtres n'est pas douteux : l'exemple, et les habitudes que peuvent donner à leurs disciples ceux qui ont renoncé à toute indépendance d'esprit, et à tout effort de volonté, ne sauraient se comparer à ce qu'enseignent, par leur existence de tous les jours, ces instituteurs, presque tous fils de prolétaires, élevés, par la science, l'énergie du caractère et le respect général, au-dessus de la moyenne de la population.

On ne saurait compter au nombre de ceux que nous appelons des *Individus,* l'homme qui a abdiqué sa personnalité entre les mains d'un supérieur, qui a renoncé aux charges, aux joies, aux douleurs et aux orgueils de la famille; et même, la loi qui a enlevé au soldat le droit de vote, pendant tout le temps où il est soumis à l'obéissance militaire, a été inconséquente en consentant à considérer comme un citoyen celui qui a fait vœu d'obéissance à un étranger. C'est là un reste du respect superstitieux dont nos ignorants aïeux ont revêtu le prêtre; car il n'est pas admissible que cette analogie entre la discipline militaire et la discipline ecclésiastique, également destructives de l'Individualité, ait pu échapper au législateur. Et comme il est reconnu que l'enfant subit, d'une façon souvent irrémédiable, l'influence de ses éducateurs, nous avons raison de faire figurer, au nombre des obstacles mis depuis un siècle au développement de l'Individualisme, les religions d'État, et l'enseignement par le clergé qui en est la conséquence.

Mais ce n'est pas tout. S'il est vrai que le plus grand danger de la prédominance de l'Etat sur l'Individu consiste dans l'atrophie des caractères, l'étiolement des volontés, l'anéantissement de l'énergie; s'il est vrai que le progrès général s'arrête, que l'instruction s'abaisse, que la morale fléchisse, que la richesse diminue, quand quelqu'un, — particulier, Etat, association — se substitue à l'homme lui-même pour l'éclairer, l'instruire, le diriger, l'enrichir ou l'appauvrir, au lieu de le laisser chercher dans son libre-arbitre la solution de toutes les difficultés de la vie; s'il est vrai que les générations s'usent et s'anémient sous cette tutelle, comme ont fait les Romains du Bas-Empire, pour faire place à des nouveaux-venus qui, trempés dans la liberté des forêts natales et dans les luttes contre les fatalités naturelles, vinrent régénérer et rajeunir le sang des races épuisées; combien est-il encore plus vrai qu'un peuple ne saurait éternellement résister à la dégénérescence intellectuelle qui l'attend, quand un gouvernement s'obstine, et quand lui-même se résigne, à ce que sa foi, sa croyance intime, l'idée qu'il peut se faire plus ou moins clairement de la place de l'homme dans l'univers, de sa destinée, de son avenir, de sa mission supérieure, lui soient imposées, ou seulement même indiquées par une loi humaine, par un contrat entre un souverain et un prêtre, duquel il résulte que ce qui tient aux plus intimes profondeurs de l'âme soit édicté et promulgué comme une ordonnance de police, ou une prescription d'hygiène publique !

---

# CHAPITRE VIII

## LE SYNDICAT DES MÉCONTENTS

Nous venons de voir successivement que les habitudes monarchiques, la centralisation, les monopoles et les religions subventionnées avaient, depuis cent ans, enrayé le mouvement individualiste consacré par la Révolution. Cet effet n'a pu se produire sans causer de nombreux mécontentements. Devenir un *Individu,* c'est-à-dire développer ses aptitudes naturelles, s'améliorer, s'instruire, s'élever sur l'échelle sociale, c'est bien là ce qu'on peut appeler *vivre le plus complètement possible,* et nous avons vu précédemment que c'était précisément le désir inconscient de tout être vivant, et, par suite, l'idéal de l'homme conscient.

L'homme qui se sent, ou se croit, apte à s'instruire, et que sa pauvreté maintient dans l'ignorance ; celui qu'un procès coûteux a réduit à l'indigence, en le privant d'un petit bien péniblement acquis ; celui que des impôts inéquitablement répartis empêchent de s'élever au-dessus du prolétariat ; celui que l'arbitraire de fonctionnaires mal contrôlés gêne dans l'exercice de ses droits de citoyen ; celui qui, faute d'une recommandation suffisante, s'est vu priver de la récompense due à ses modestes services ; celui dont un droit de douane, inégalement protecteur, a ruiné le commerce ou l'industrie ; en un mot toutes les victimes des inégalités, ou même des fatalités sociales s'en prennent à l'Etat des malheurs qui leur arrivent, et particulièrement dans les pays et sous les régimes où l'ingérence de l'Etat est la plus grande et l'initiative individuelle le plus comprimée.

Tous ces mécontentements s'accumulent, les esprits s'aigrissent, la résistance du gouvernement exaspère l'opposition, et un beau jour une révolution éclate d'une façon absolument imprévue. On veut se débarrasser de la République, et l'Empire, auquel on ne pensait pas, prend sa place ; on veut reconquérir la liberté de la presse et on renverse les Bourbons ; la liberté de réunion, et on chasse les d'Orléans; on veut refouler le spectre rouge, et on prépare l'avènement d'un second Bonaparte. Pas un de ces gouvernements successifs n'a pu se maintenir vingt ans, bien juste l'espace d'une génération. N'est-ce pas une preuve irrécusable qu'aucun d'eux ne réalisait les espérances qu'avait fait naître la grande Révolution ?

On peut même ajouter, ce qui ne fera que confirmer cette assertion, qu'un mouvement pareil a failli éclater en France, moins de vingt ans après la proclamation de la troisième République. Seule, très probablement, l'impersonnalité du gouvernement républicain a empêché la révolution d'aboutir. C'était des lois que l'on voulait changer, et non une dynastie ; or, des lois se changent par des votes, tandis que, pour changer une dynastie, il faut une insurrection.

Certainement, dans ce mouvement Boulangiste, il n'a pas été difficile de reconnaître la main des anciens partis, monarchistes et cléricaux, qui, sous prétexte de réviser la Constitution, espéraient en faire changer assez profondément l'esprit pour amener une restauration quelconque;

ce fut même là une des causes de son échec, parce que les Modérés, qui avaient sincèrement accepté la République, se groupèrent avec les Démocrates contre l'homme qui leur apparaissait comme un Dictateur. Mais ils ont eu le tort, au lendemain de la victoire, de méconnaître le profond mécontentement des masses qui, fatiguées de tant de vaines promesses, ne voient plus que dans un bouleversement général le remède aux injustices qui les oppriment.

C'est avec raison que l'on a appelé le Boulangisme le *Syndicat des Mécontents*. Depuis les radicaux qui attendent la séparation de l'Eglise et de l'Etat et l'impôt progressif, jusqu'au paysan à qui l'on a promis la diminution des frais de procédure, sans oublier les socialistes qui croient trouver le bonheur universel dans la nationalisation du capital, ni les monarchistes impénitents, ni les bons dévôts qui frémissent à l'idée de voir parader leur curé le sac au dos, tous ceux enfin qui reprochent à la République opportuniste ce qu'elle leur a refusé, ou ce qu'elle leur a ravi, suivaient pêle-mêle le panache du Général, et comptaient sur lui pour réaliser leurs multiples espérances. Le Général a disparu, mais les mécontents restent.

Je sais bien que des journaux, des publicistes, des orateurs ont nié ces mécontentements. Un parti surtout, et des plus puissants, puisque c'est lui qui s'est maintenu au pouvoir depuis le Seize-Mai, l'*Opportunisme,* a pour système de n'accomplir les réformes que quand il lui semble qu'elles s'imposent absolument, et s'efforce, dans ce but, de persuader à la nation que la République, ou même son nom seul, suffit à assurer le bonheur universel.

Et cependant, il faut bien reconnaître que ce n'est pas un état normal que celui d'une société aussi troublée que la nôtre. La division dans les esprits est extrême, et sur presque toutes les questions, politiques, religieuses, économiques; les périodes électorales sont parfois des époques de troubles et de luttes sanglantes; les grèves les plus formidables éclatent inopinément, ruinent des industries prospères et réduisent à la famine des dizaines de mille de travailleurs; les vagabonds infestent les campagnes, en présence de la gendarmerie impuissante; enfin des attentats dignes de sauvages ou de fous, non seulement se produisent fréquemment, mais encore trouvent, jusque dans des hommes érudits, sérieux, convaincus, sinon des apologistes, au moins des commentateurs pleins d'une certaine indulgence.

De plus — et c'est ce qui démontre bien que les causes de ce malaise sont dans la non exécution des promesses de 1789 — tous les gouvernements, pendant le dix-neuvième siècle, ont été combattus avec la même violence, proportion gardée des ressources destructives que la science pouvait mettre à la disposition de leurs adversaires. On n'en pourrait même pas excepter le second Empire, qui fut pourtant la période de ce siècle la plus prospère, non par les mérites propres de son gouvernement, mais en raison de l'accroissement rapide de la richesse publique, dû à bien des causes différentes : l'application de la vapeur aux transports, l'exploitation fructueuse de nouvelles mines d'or et d'argent, et la liberté relative du commerce, qui depuis, sauf en Angleterre, n'a cessé d'être de plus en plus restreinte.

Ce n'est pas qu'on doive, ou qu'on puisse espérer une époque, même lointaine, où tout le monde soit content. Les utopistes seuls la promettent. Mais, par cela même que l'homme, intinctivement, aspire à vivre le plus pleinement possible, le plus favorisé lui-même trouve encore qu'il lui manque quelque chose. Et c'est des efforts combinés de tous pour améliorer leur destin que résulte le progrès général. Considération sur laquelle il importe d'appuyer, puisqu'elle prouve, une fois de plus, que le nombre et l'intensité des initiatives individuelles est justement la mesure de la rapidité avec laquelle une nation progresse et s'améliore.

Ceci posé, deux conséquences suivent : D'abord un gouvernement doit être organisé de telle sorte que son fonctionnement ne gêne en rien les efforts particuliers ; son rôle exclusif consiste à tenir la balance égale entre tous, à ne favoriser personne au détriment des autres, à fournir, autant que possible, à chacun des chances égales de succès. En second lieu, un gouvernement sage, utile, bien inspiré, doit avoir pour but constant, non de supprimer tous les mécontentements, ce qui est impossible, mais de diminuer le plus possible le nombre des mécontents.

C'est précisément le contraire de ce qui s'est fait depuis un siècle. En examinant les causes du malaise général et les réformes demandées, il est facile de voir que ce malaise dérive des lois promulguées depuis ce temps. Ce n'est pas de nouvelles lois qu'il faut pour améliorer les conditions sociales, mais bien plutôt l'abrogation de presque toutes celles qui nous régissent. Si bien que, pour réaliser les réformes les plus pressantes, il suffirait presque toujours de proclamer quelques libertés en plus (1).

Supposons que tout cela ait été fait à la suite de la Révolution ; que le suffrage universel ait été lentement et sagement étendu, au fur et à mesure que l'instruction et le bien-être se répandaient, et que le nombre augmentait des hommes véritablement dignes du titre de citoyen ; qu'un large esprit de décentralisation ait affranchi les départements et les communes de l'aveugle arbitraire de la bureaucratie parisienne ; que la banque, les transports, l'industrie et le commerce, libres de toute entrave, aient décuplé la richesse publique, et développé l'initiative individuelle dans toutes les branches de l'activité humaine ; que l'impôt, portant spécialement sur la propriété, comme l'avait voulu la Constituante, ait permis à l'ouvrier de vivre au meilleur marché possible, et d'employer ses modestes économies à l'acquisition d'un domicile familial,

(1) Voir *La République utile*, p. 70.

parfois même à la constitution d'une rente pour sa vieillesse..... Quelle amélioration dans les conditions générales de la vie sociale! quelle différence avec ce que nous avons aujourd'hui! que de recrues enlevées au *Syndicat des Mécontents!*

Et pourtant — il faut que les utopistes l'avouent — l'égalité absolue qu'ils promettent à leurs adeptes n'existerait pas encore. Quand ils parviendraient à réaliser leurs rêves, quand la fortune publique — nationalisée — aurait été également partagée entre tous les habitants d'un même pays... le lendemain il y aurait déjà des riches et des pauvres! Les qualités naturelles, les passions, la constitution physique même, créent entre les hommes des inégalités inévitables. Et, comme on ne se rend jamais justice à soi-même, comme on cherche toujours à s'en prendre à quelqu'un des malheurs qu'on s'est attirés par sa propre faute, il y aura toujours des mécontents, même dans l'état social le plus savamment ordonné.

Mais, s'il est vrai que l'homme n'ait pas de recours légitime contre la destinée qu'il se fait à lui-même, la société à laquelle nous appartenons, et au maintien de laquelle nous contribuons tous plus ou moins, a pour devoir étroit de ne rien faire qui rende fatalement mauvaise la destinée d'un seul de ses membres. Toute loi qui peut avoir ce résultat n'aurait pas dû être promulguée, et doit être abrogée sans délai. Ce que la société doit à ses membres, ce n'est pas le bonheur, mais toutes les facilités possibles pour y accéder; aussi les membres de la société ne doivent pas compter sur elle pour obtenir le bonheur, mais bien sur la libre et complète possibilité de l'acquérir, quand ils l'auront mérité par leurs efforts persévérants.

Nous avons vu que ces conditions normales d'une société humaine bien organisée ont manqué à la nôtre, parce que les héritiers de la Révolution n'avaient pas suivi la route tracée par leurs pères. Les luttes intestines qui ont rempli ce siècle proviennent de ces résistances, et des aspirations toujours déçues de ceux dont elles entravent l'expansion. Il nous reste à étudier les remèdes, les systèmes et les doctrines successivement préconisés. Notre but est de les juger, à la lumière des principes exposés dans la première partie de ce livre, afin de pouvoir reconnaître ceux qui, conformes à la nature même de l'homme, ont le plus de chances de réussir, et de faire faire un nouveau progrès à la société humaine.

Nous allons enfin entrer dans le détail de cette lutte entre le *Collectivisme* et l'*Individualisme,* dont nous parlons au début de ce livre ; et, s'il ne nous paraît pas possible de prendre, sans réserve, parti pour l'un ou pour l'autre, nous n'accepterons du moins un système de conciliation qu'à la condition qu'il respecte la liberté et favorise l'amélioration des *Individus*.

---

# TROISIÈME PARTIE

# LES DÉDUCTIONS

## CHAPITRE Ier

### LE SOCIALISME

Sept ans à peine après la Révolution, une première manifestation se produisait en faveur de la réforme sociale. Babeuf proclamait, pour la première fois en France, la doctrine du Communisme. Après la conquête des libertés civiles, il demandait la sécurité de la vie matérielle pour tous; après l'égalité devant la loi, l'égalité dans le bien-être. Dès le début, il formulait cette proposition si souvent répétée depuis : Les prolétaires, qui avaient partagé les périls et les privations de la lutte, devaient avoir leur part du butin.

Ce que demandaient Babeuf et ses adhérents, c'était ce qu'ils appelaient la *République des Egaux*. Selon eux, la terre et ses fruits n'appartenant à personne, le partage en devait être fait également entre tous. Ainsi se formulait déjà la doctrine qui, entre les mains de Cabet et de Louis Blanc, devait devenir le Communisme, première forme du Socialisme, basée sur l'égalité absolue entre les hommes. Il est devenu inutile de la réfuter, car non seulement elle a fait place, depuis ce temps, à ce que l'on nomme le Socialisme scientifique, mais même les plus illustres réformateurs, déjà avant 1848, avaient imaginé des systèmes différents.

Saint-Simon voulait faire succéder l'ère de l'industrialisme à l'ère de la guerre; l'association devait remplacer le salariat; le bien-être de tous allait devenir le but essentiel de la société nouvelle; tous les hommes, étant égaux, doivent atteindre à la même condition sociale; la femme, de son côté, sera affranchie de la suprématie de l'homme, recevra la même éducation, pourra aspirer aux mêmes emplois; les unions se noueront et se dénoueront au gré des deux époux temporaires. Seulement, Saint-Simon ne veut rien sacrifier des conquêtes intellectuelles de l'humanité ; il lui faut de grands savants et de grands artistes, aussi bien que de grands ingénieurs et de grands industriels; pour cela, une même instruction sera donnée à tous les enfants, à l'issue de laquelle un concours les classera selon leurs facultés; il admet donc une certaine inégalité, celle qui résulte de la différence des capacités, et il veut que chacun reçoive une part de la fortune publique, proportionnée à ses capacités et à ses œuvres. Enfin, pour constituer cette fortune publique, il supprime l'héritage, en substituant l'Etat à la famille.

Et, comme les Collectivistes, par une de ces inconséquences qui sont fréquentes dans les systèmes improvisés, ont adopté avec enthousiasme cette idée de la suppression de l'héritage, il est à propos de faire remarquer qu'elle est contradictoire avec leur grand principe, *la Solidarité.* La plus belle et la plus naturelle application de la solidarité, c'est la famille ; elle forme à elle seule une collectivité, solide par elle-même, extensible à volonté, celle où les liens sont les plus forts, où l'autorité est la plus légitime, et qui, par la force des choses, est tout naturellement devenue la tribu, le clan, puis la nation. Dans les dissolutions violentes de sociétés, elle resterait encore debout, par le jeu même des sentiments naturels de l'homme. Mais, si elle existe parmi nous, comme un contrepoids nécessaire au déchaînement de l'Individualisme, c'est parce qu'on lui a conservé ses ciments les plus solides : la propriété et l'héritage. Supprimer l'héritage, c'est décréter que, désormais, chaque homme ne travaillera plus que pour ses propres jouissances ; c'est de l'Individualisme pur, et du plus mauvais. Il n'était pas inutile de constater que ce sont les Collectivistes eux-mêmes qui le demandent.

On voit que, dans l'œuvre de Saint-Simon, on pourrait trouver le germe, et presque tous les détails du Collectivisme contemporain. Cependant, Fourrier lui en a fourni sa bonne part. En effet, c'est dans son œuvre que l'on voit poindre la plupart des idées qu'il prétend mettre en pratique : le droit au travail et à l'assistance, la mainmise de l'Etat sur les monopoles, les magasins communaux, en un mot tout ce qu'il comprenait sous la rubrique générale de *Garantisme*. Mais, en quoi le système de Fourrier se singularisait, et ce qui fait peut-être qu'il a séduit plus d'esprits cultivés que d'ouvriers proprement dits, c'est qu'il attendait ces réformes, non de l'autorité, d'une législation quelconque, mais de l'amélioration des esprits et des caractères, d'une humanité perfectionnée, seule digne de comprendre sa doctrine et de l'appliquer.

Et pourtant, les hommes de Fourrier sont les hommes de tous les pays et de tous les temps; occupés de la recherche du bonheur, et même du plaisir, ils ne sacrifient aucune de leurs jouissances, on pourrait presque dire aucune de leurs passions ; le secret consiste tout simplement à leur rendre attrayant ce que la société, jusqu'alors, a été obligée de leur imposer, c'est-à-dire le travail, et au besoin même le sacrifice.

Chaque pays est divisé en plusieurs *phalanstères,* petits ou grands, selon le nombre des individus qui se sont associés pour les composer ; dans chaque phalanstère, on vit libre ou en commun, à son gré ; on y sera riche ou pauvre, le plus généralement riche, à ce qu'il paraît, mais en tout cas jamais absolument pauvre ; et même, les ressources communes donneront à tous des logements si commodes, des repas si raffinés, des plaisirs si variés et si fréquents, que jamais, dans la vie actuelle, les plus riches ne pourraient atteindre un pareil degré de jouissances. Aussi il n'y aura besoin de contraindre personne; une fois le premier phalanstère constitué, la vue du bonheur dont jouiront ses habitants aura bientôt décidé, de proche en proche, leurs voisins à en fonder d'autres.

Alors ce sera l'époque d'*Harmonie;* chacun, obtenant la satisfaction de ses désirs, contribuera de toutes ses forces au maintien de la société; les mauvais instincts eux-mêmes, au lieu d'être réprimés, trouveront leur expansion dans les œuvres qui répugneraient à des natures plus raffinées; et ainsi l'altruisme, base indispensable de toute association, naîtra de lui-même dans l'universel contentement. Heureusement! car on ne peut se défendre de constater qu'une seule opposition suffirait à paralyser le fonctionnement d'une organisation qui s'intitule *harmonique.*

C'est de tous ces mélanges d'idées philosophiques, ou pratiques — car quelques-unes, après tout, ont reçu d'heureuses applications — que successivement Cabet, Buchez, Pierre Leroux, Louis Blanc, Proudhon, etc., etc., essayèrent de tirer des systèmes cohérents et applicables; tous y ont échoué; pendant longtemps on n'a vu surnager, du naufrage du Socialisme écrasé par Louis Bonaparte, — l'élu pourtant des socialistes de 1848, — que quelques tentatives d'associations, principalement d'associations de producteurs, presque toutes rapidement ruinées, soit faute de capital, soit faute de discipline et de direction. Sur la fin de l'Empire, la Société Internationale des Travailleurs réveilla les esprits, et, grâce aux libertés que nous devons à la République enfin triomphante, le Collectivisme, dernière incarnation de la doctrine, en a formulé ce que ses adhérents appellent la forme scientifique.

Mais, avant de nous arrêter à cette dernière incarnation, qui mérite un examen particulier, il noûs faut tirer une conséquence de cet exposé rétrospectif de la question. Tous les esprits éclairés et libéraux, depuis le commencement du siècle, ont adhéré, plus ou moins, à ce mouvement d'opinion d'où est sorti le Socialisme : Ledru-Rollin, Raspail, Victor Hugo, George Sand, Eugène Sue, et tant d'autres, dans la politique aussi bien que dans la littérature, en ont favorisé le développement. Et même on peut dire que, s'il suffit, pour être socialiste, de souhaiter un changement quelconque dans l'organisation sociale actuelle, presque personne aujourd'hui ne serait indigne de ce titre.

Jusque dans les partis les plus opposés au progrès de la Démocratie, depuis surtout que le chef suprême de l'Eglise catholique en a donné l'exemple, on trouve des socialistes ardents ; la plus élémentaire courtoisie nous interdit de demander s'ils sont également convaincus ; mais on peut dire que, s'ils ne l'étaient pas, ils seraient alors dupes de la plus profonde illusion ; ni la charité, ni la religion, ni le souvenir des services rendus ne seront assez puissants pour enrayer le mouvement de la révolution future ; entre ceux qui promettent tout, et ceux qui consentiront à partager quelque chose, ce seront les premiers qui seront suivis.

Il y a là, toutefois, une preuve que les choses ne doivent pas rester longtemps encore dans le *statu quo*. Chacun le sent, et s'en préoccupe. Le malheur est que, loin que tout le monde soit d'accord sur ce qu'il faudrait faire, chacun a son remède préféré, son système de prédilection, son état social nouveau à proposer. Les uns croient que le bonheur général n'est pas réalisable, et se contenteraient d'améliorations partielles ; les autres prétendent que la société doit à chacun de ses membres, non seulement la vie assurée, mais encore la vie heureuse ; il y en a qui voudraient que chacun devînt propriétaire, et d'autres qui demandent l'abolition de toute propriété ; ceux-ci attendent tout de l'action gouvernementale, que ceux-là, au contraire, veulent réduire à sa plus simple expression. Mais, encore un coup, tous sont des socialistes, puisque tous veulent modifier l'état social.

C'est du moins en ce sens que s'entend aujourd'hui ce terme de *Socialiste.* Je crois qu'à son origine il avait une autre signification, plus précise et plus étroite. Quand, entre 1830 et 1848, le Socialisme se dégagea des utopies communistes, il en garda tout du moins le principe, qui était l'association des hommes entre eux, dans un but économique. Les socialistes d'alors — et leur nom même l'indiquait — étaient les apôtres de l'association sous toutes ses formes ; associations de consommation et surtout de production, associations particulières, de communes ou de familles, dans le phalanstère, association universelle dans l'Icarie de Cabet, tels étaient les moyens préconisés pour affranchir le prolétaire de la servitude et de la misère. Aujourd'hui on peut, on doit même appeler socialiste jusqu'à l'économiste individualiste, qui prétend que la solution du problème social consiste à transformer le plus de prolétaires possible en propriétaires et en capitalistes.

Cependant, parmi ceux qui s'intitulent socialistes, on en voit dont le programme semble beaucoup plus étendu. Il n'est pas, pour eux, question de réformer la société; ce qu'il faut, c'est la détruire de fond en comble, et la reconstruire sur de nouvelles bases. Et encore est-il bien permis de croire que ce n'est là qu'une formule, politique peut-être, et dont ils se garderaient bien, une fois au pouvoir, de poursuivre l'application.

Ainsi, par exemple, quand les collectivistes s'en prennent à l'Economie politique, et l'accusent d'avoir favorisé et développé toutes les imperfections de la société actuelle, la passion les aveugle et leur fait commettre la plus grande des injustices. Notre état social est basé précisément sur tout ce que les Economistes réprouvent et condamnent : protection, monopoles, centralisation excessive. Or, si l'on veut y prendre garde, on verra que ces principes sont exactement ceux du Collectivisme. Aussi, ce que veulent les collectivistes, qu'on en soit bien persuadé, ce n'est pas détruire la société, mais s'en emparer à leur profit. Et non seulement s'en emparer, mais la rendre encore plus monopolisée, encore plus protectionniste, encore plus centralisatrice qu'elle ne l'est aujourd'hui; rendre l'Etat encore plus fort qu'il ne l'est, afin d'imposer, par son entremise, une doctrine à laquelle, nous le verrons bientôt, la nature de l'homme répugne absolument.

A ces démolisseurs intransigeants s'opposent, non seulement les conservateurs, satisfaits d'un état social dans lequel ils ont trouvé la meilleure place, mais aussi d'autres réformateurs plus modestes, et peut-être bien aussi plus pratiques, qui, eux, au contraire, font appel à la liberté, grâce à laquelle la société s'améliore d'elle-même.

En effet, il faut remarquer qu'après tout, et malgré de fâcheux retours en arrière, nous avons profité de quelques-unes au moins des conquêtes de la Révolution. Et, de fait, on ne peut nier que l'oppression est moins intense, la misère moins générale, et la liberté de tous plus respectée qu'il y a cent ans.

La vie matérielle même des prolétaires, malgré le renchérissement inoui de toutes choses, et grâce à l'augmentation au moins égale des salaires, grâce à des institutions d'assistance, d'épargne et de prévoyance toutes modernes, est devenue plus facile. Il faut, à cet égard, repousser les déclamations intéressées de certains sectaires, et reconnaître de bonne foi une amélioration générale.

S'il était vrai, comme semblait le croire Rousseau, que l'homme, dans son état primitif, eût joui d'un bonheur complet et d'une sécurité parfaite, il est incontestable que la société lui devrait au moins l'équivalent de ce qu'il aurait perdu pour s'unir à ses semblables. Mais tout nous démontre, au contraire, que la vie humaine, en général, était moins assurée, la nourriture moins abondante, la nature entière plus hostile à cette époque que de nos jours; cela a été suffisamment démontré, dans la première partie de cette Etude, pour que nous n'ayons pas à y revenir. L'homme d'aujourd'hui ne peut donc pas dire qu'il ait droit au bonheur; il n'a réellement droit qu'à une situation meilleure, dans son ensemble, que celle de ses plus lointains ancêtres, avant la formation de toute société.

Ce qui est vrai, par exemple, c'est que le progrès a été inégal, intermittent même, et que le présent n'a pas tenu toutes les promesses du passé. Au point de vue économique, les choses n'ont pas marché aussi vite qu'au point de vue politique ; l'ouvrier est devenu électeur, mais sa vieillesse n'en est pas plus complètement à l'abri du besoin ; le paysan peut prendre part à l'administration de sa commune, mais la terre qu'il cultive continue à lui être difficilement accessible, et les loyers, sans cesse grossissants, remplacent largement la taille et la dîme qu'il ne paie plus. Enfin, les belles et précieuses découvertes de la science moderne n'ont certainement pas profité, dans une égale proportion, aux travailleurs et aux capitalistes.

De là l'accord avec lequel, dans tous les partis, on se préoccupe d'améliorer le sort des masses ; c'est pourquoi nous disions plus haut qu'à l'heure actuelle tout le monde, ou à peu près, pourrait se prétendre socialiste. Et, en réalité, on a peine à admettre que, cent ans après la Révolution, un accident, ou une maladie du chef de famille puisse réduire à la mendicité une demi-douzaine de personnes, qui ne vivaient que de son salaire quotidien ; que les routes, les hameaux, les rues même de nos villes, soient infestés de misérables, faux ou vrais, faisant appel à la charité, parfois même l'obtenant par intimidation ; que le crédit manque au travailleur qui veut s'assurer le toit qui l'abrite ou la terre qu'il féconde; que même, quand il est parvenu, à force de privations, à les acquérir, les frais d'une licitation en dévorent la valeur, et en privent complètement ses héritiers; qu'un homme enfin puisse vivre soixante ans, dans le travail, l'honnêteté et la sobriété, pour finir dans l'indigence ou dans un dépôt de mendicité.

C'est ce tableau des inégalités de la vie sociale qui a fait pousser aux réformateurs ce grand appel à la *Justice,* qui est comme leur mot d'ordre et leur cri de ralliement. C'est le sentiment d'immense pitié que sa vue inspire qui a poussé à s'unir, à ceux qui s'intitulent par excellence socialistes, les anciens radicaux désabusés, découragés de cette politique inactive qui a abouti à l'opportunisme. C'est bien en effet le principe de Justice qui est violé chaque jour au détriment des prolétaires, et c'est bien aussi par de profondes réformes sociales seulement qu'il sera possible d'améliorer leur sort. Le Socialisme est la vraie formule de l'opposition contre un gouvernement qui, héritier des habitudes, de l'administration, des privilèges que lui a légués la Monarchie, persiste à les infliger à un peuple mûr pour la Démocratie, et en possession du suffrage universel.

Seulement il faut, pour réussir, un Socialisme pratique et réalisable. C'est pour essayer de le reconnaître, dans la foule des systèmes et des doctrines qui sont préconisés de différents côtés, que nous avons entrepris cette Etude. Après avoir recherché les origines et la nature de l'homme, et des sociétés qu'il a formées, nous avons cru les voir se développer dans le sens de l'affranchissement et de l'amélioration de l'*Individu*, et se donner une formule définitive dans le grand mouvement de 1789. Il nous a semblé que, depuis cette époque jusqu'à nos jours, l'effort des classes dirigeantes avait tendu à enrayer plutôt qu'à favoriser ce développement. Nous croyons que le Socialisme qui sera le plus conforme à la formule de 1789, et à la nature de l'homme, est le seul qui ait des chances sérieuses d'aboutir. Nous avons donc maintenant à analyser les différentes formes de socialisme, ou d'amélioration sociale, afin de terminer utilement notre travail.

# CHAPITRE II

## L'INDIVIDUALISME

Le dix-huitième siècle, méconnu et calomnié par la plupart de nos contemporains, précisément parce qu'il a préparé la Révolution, a vu naître presque toutes ces sciences, dont quelques-unes se sont si largement développées dans le siècle suivant. L'Economie politique est du nombre. Les premiers Economistes, parmi lesquels il faut citer surtout Quesnay et Gournay, l'auteur de la célèbre formule si souvent anathématisée — *Laisser faire, laisser passer* — sont connus sous le nom de *Physiocrates;* et ce nom seul suffit à caractériser leur doctrine.

Ils prétendaient que la nature, et l'homme par conséquent, et même l'homme social, obéissaient à des lois inéluctables ; quand l'homme essayait de violer ces lois, ou de les éluder, rien de ce qu'il fondait ainsi n'était durable. Ils ont énoncé quelques-unes de ces lois, telle que celle de l'offre et de la demande, dont la violation n'a jamais amené que des catastrophes, que malheureusement semblent avoir oubliées ou méconnues bien des utopistes d'aujourd'hui.

Les Physiocrates voulaient que l'impôt portât exclusivement sur la propriété foncière, parce qu'ils estimaient que toute richesse provenait de la terre. Il est vrai qu'à leur époque, la richesse mobilière était à peine connue. Mais, même de nos jours, où, suivant les statistiques, elle ne doit pas être loin d'égaler en valeur le capital immobilier, la même théorie pourrait se soutenir. Ce que l'on appelle capital mobilier, surtout sous la forme *actions* ou *obligations,* n'est presque toujours que la représentation d'une part de propriété. De plus, dans le commerce ou l'industrie, il consiste en matières premières ou en denrées alimentaires, et c'est bien réellement des produits de la terre qu'il est composé.

Mais ce qui nous importe le plus, c'est de constater que les Economistes d'aujourd'hui sont les héritiers directs des Physiocrates. Si quelques-uns, sacrifiant aux idées du jour, ou fascinés par l'énorme développement des capitaux mobiliers, se montrent plus indulgents que leurs maîtres à l'égard des impôts de consommation, tous du moins sont restés attachés à la doctrine des *Lois naturelles*. La loi de *l'offre et de la demande,* la loi du *moindre effort,* celle de *la concurrence,* leur paraissent encore inviolables, sous peine d'insuccès, et c'est en leur nom principalement qu'ils combattent les diverses doctrines qui aspirent à renouveler la société humaine.

Le Collectivisme surtout leur est antipathique. Ce qui n'étonnera personne, quand on saura que les Economistes sont, à l'heure actuelle, probablement les seuls champions de l'Individualisme. Or, on se rappelle peut-être ce que nous avons dit, au début de cette Etude : Collectivisme ou Individualisme sont les deux formules auxquelles se rattachent inévitablement tous les systèmes de réforme sociale. Il faut insister là-dessus, pour bien se reconnaître dans le dédale des doctrines, des sectes, et des prétentions scientifiques : car si l'Individualisme est un, le Collectivisme est multiple. Saint-Simonisme, Fourriérisme, Garantisme, Communisme de

Cabet, Mutuellisme de Proudhon, Internationalisme, Marxisme, Collectivisme industriel, Collectivisme anarchiste, Collectivisme réformiste ne sont que des formes différentes du Communisme pur, c'est-à-dire de l'organisation sociale qui subordonnerait l'individu à la collectivité.

Mais, par contre, quand on proclame la loi de l'offre et de la demande, qui règle automatiquement pour ainsi dire les rapports économiques, et qui implique la liberté pour chacun de chercher à son capital, à son produit ou à son travail le débouché le plus avantageux ; la loi du moindre effort, en vertu de laquelle l'homme refusera toujours de donner deux heures de son temps pour ce qu'il pourrait produire lui-même en une heure, d'accepter le salaire le plus faible là où il peut en obtenir un plus fort, ou, inversement, préférera travailler momentanément à bas prix plutôt que de mourir de faim ; la loi de la division du travail qui permet à chacun de se spécialiser, et de tripler ainsi les produits de son travail, même en mettant tous les objets de consommation à la portée de tous, et à un bon marché qu'ils n'auraient jamais osé espérer ; alors nécessairement, fatalement on est individualiste.

On a beaucoup parlé de ces *Lois naturelles* de l'Economie politique, et on s'est étonné de les trouver en si petit nombre, et si simples. Peut-être les Economistes eux-mêmes ont-ils eu, parfois, le tort de leur donner trop d'importance théorique. Au fond, ces lois sont des formules, nées des polémiques, plutôt qu'une doctrine concrète. Les premiers Economistes ont parlé des lois naturelles en général, voulant par là désigner tout simplement l'opposé de la contrainte, c'est-à-dire la liberté, qui est en effet d'ordre naturel, l'attribut indispensable de l'homme sortant des mains de la nature.

Pour la commodité et la précision de la discussion, on a été ensuite amené à formuler ces lois, et il a été aisé d'en dégager quelques-unes, ce qui ne veut pas dire qu'on les ait, du premier coup, énoncées toutes. Mais elles n'ont pris d'importance que par le dédain qu'en ont fait les contradicteurs, quand on leur a prouvé qu'ils n'en avaient tenu nul compte dans leurs systèmes. Ainsi, décréter un prix de la journée de travail, c'est évidemment violer la loi de l'offre et de la demande, et on ne peut nier qu'elle sera inévitablement obéie, en dépit du décret : un patron ne consentira jamais à payer des salaires qui le constitueraient en perte, et des ouvriers, pères de famille, aimeront toujours mieux recevoir un salaire inférieur au taux légal, que de voir mourir leurs enfants de faim ou de maladie.

De même quand, à l'envi, Collectivistes et Protectionnistes s'efforcent de trouver un moyen de supprimer ce qu'ils appellent les *Intermédiaires,* qui, selon eux, absorbent les bénéfices du producteur, sans en faire profiter le consommateur, ils ne s'aperçoivent pas que ce commerce de détail existe en vertu d'une loi naturelle, la loi du moindre effort ou de l'*économie des forces*. Partout où l'intermédiaire prospère, c'est qu'il répond à un besoin, sans quoi le consommateur cesserait, tout naturellement, d'avoir recours à lui, et le laisserait impitoyablement se ruiner. Mais il suffit que le temps économisé compense, et au-delà, le prix plus élevé qu'on lui fait payer, pour que le consommateur continue à avoir intérêt à s'adresser à l'intermédiaire, plutôt qu'au producteur lui-même.

C'est encore cette même loi de l'économie des forces qui entretient régulièrement les marchés pourvus de toutes les denrées les plus nécessaires, et par conséquent les plus demandées. Chacun cherche, pour l'emploi de son capital et de son activité personnelle, le commerce ou l'industrie qui pourront lui procurer, pour le même effort, le plus gros bénéfice. On espère naturellement le trouver dans la fabrication ou la vente des denrées le plus souvent, et le plus instamment demandées, parce que, en vertu de la loi de l'offre et de la demande, ce sont, naturellement aussi, celles dont le prix de vente est le plus élevé. Aussi la concurrence qui en résulte est-elle assurée en régime individualiste, et non en régime collectiviste, où le taux de la production serait fixé administrativement.

Ces quelques exemples sont suffisants, pour faire voir que le respect des *Lois naturelles* concorde avec la plus libre expansion possible de l'Individu dans la société. Nul ne peut être meilleur juge que soi-même de ce qui convient le mieux à ses aptitudes et à ses intérêts. Ajoutons que, dans une nation qui se gouverne par le suffrage universel, dans une Démocratie, cette liberté a quelque chose même de nécessaire. Il est difficile de comprendre que l'homme investi du droit de participer, plus ou moins directement, à l'administration de son pays, ne soit pas considéré comme apte à se diriger lui-même au point de vue économique; toutes les libertés se tiennent; elles se fortifient l'une l'autre, en ce sens que le manque de liberté économique abaisserait le citoyen à ses propres yeux, l'habituerait à une obéissance passive, et le rendrait par suite incapable d'exercer sa liberté politique.

C'est pour cela que, dans le système individualiste, le rôle de l'Etat doit être réduit à sa plus simple expression. L'Etat veille à la sécurité publique, extérieure et intérieure; il assure les droits de chacun, les fait respecter, garantit l'exact équilibre qui les empêche d'empiéter les uns sur les autres; pour cela, il entretient une magistrature, une police et une armée. En principe, l'Etat ne doit rien entreprendre de ce que les particuliers peuvent faire eux-mêmes; et, par Etat, il faut entendre toute administration, locale aussi bien que nationale, c'est-à-dire le département, le canton, ou même la commune, suivant les attributions que le peuple aura jugé utile de réserver à chacune de ces agglomérations. C'est dans ce régime qu'il est vrai de dire que *l'Etat a été fait pour les Individus, et non les Individus pour l'Etat.*

Et il suffit de réfléchir, même très sommairement, à l'origine de la société humaine, pour voir combien cette maxime est vraie. Un Etat quelconque, quelle qu'en soit la forme, nation ou tribu, monarchie ou république, n'est qu'une simple convention. Son existence et son organisation n'ont rien de primordial, ni même de théorique; non seulement l'homme n'en a pu trouver l'idée nulle part, mais même il ne l'a pu concevoir de toutes pièces. Ce fut tout simplement la résultante des multiples essais que la nécessité lui imposa, quand il essaya de se soustraire, par son groupement avec quelques-uns de ses semblables, aux fatalités naturelles et aux dangers de l'isolement. L'Etat n'est que la société humaine en action.

Aussi avons-nous vu, quand nous avons essayé de faire un historique sommaire des origines et du développement des sociétés, que le nombre des Individus y avait été sans cesse en augmentant, ce qui nous a permis de conclure que l'avenir devait appartenir à l'Individualisme. Deux exemples actuels confirment cette appréciation. Parmi les vieilles sociétés européennes, il en est une qui, à un bien plus haut degré que les autres, se répand dans le monde entier, y fonde de nouvelles nationalités, et, à défaut, des groupes de représentants de son esprit, de sa langue, de son caractère, accapare pour ainsi dire le commerce universel, et, non seulement s'enrichit elle-même, mais encore enrichit, par l'échange libre et réciproque, les nations avec lesquelles elle trafique. Cette société, c'est la société anglo-saxonne, ou anglaise, celle de toutes chez laquelle l'initiative individuelle est le plus développée, et le rôle de l'Etat le plus effacé.

La plus ancienne de ses colonies, les Etats-Unis d'Amérique, affranchie depuis cent ans seulement, occupe un territoire de plus de neuf millions de kilomètres carrés, avec près de 70 millions d'habitants. Le caractère indépendant de la race métropolitaine s'y est accentué encore, grâce au gouvernement démocratique qu'elle s'est donné : New-York, Cincinnati, Saint-Louis, Chicago, Boston sont les centres d'une activité sans limite ; les industries et le commerce y prennent une extension dont les progrès menacent déjà l'Europe d'une concurrence victorieuse ; l'Individualisme y règne sans entrave, et peut seul expliquer un progrès aussi rapide et aussi intense.

Dans ces deux pays, la science elle-même revêt un caractère pratique. On n'y a point de grandes écoles spéciales, et il s'y crée des médecins, des ingénieurs, des juristes aussi savants que partout ailleurs ; on y fait des ponts gigantesques, comme ceux de Broocklyn et du Forth ; les clippers américains ont servi de modèles aux marines à voiles du monde entier, et c'est aujourd'hui des chantiers de la Clyde que sortent les plus grands et les plus rapides paquebots ; les jeunes gens, élevés dans l'idée qu'ils devront se faire à eux-mêmes une situation dans le monde, abordent par le plus bas échelon la carrière qu'ils ont choisie, et s'y font leur place, proportionnée à leur intelligence et à leur activité ; des colonies anglaises se fondent, sur tous les points du globe, par l'initiative de quelques marchands, qui vont eux-mêmes chercher sur place des débouchés, au lieu d'attendre qu'un Consul les leur indique officiellement ; et les forces militaires nationales ne sont engagées qu'à leur suite, à bon escient, et pour soutenir des intérêts sérieux.

Mais aussi les emplois sont rares, les fonctionnaires en petit nombre, travailleurs et instruits parce qu'ils sont bien payés ; on n'y connaît pas l'existence étroite, étiolée, mesquine de ces milliers de *ronds de cuir* qui, chez nous, moisissent inutiles dans les bureaux encombrés, se consolant de leur pauvreté, et de leur incapacité, par l'importance qu'ils attachent à leur qualité de membres de l'administration. Faute de ce débouché, si cher à la petite bourgeoisie française, les jeunes Anglais et Américains se jettent dans les aventures, portent au loin leur esprit d'entreprise, bien sûrs de rencontrer une juste considération de la part de tous, après une vie active et laborieuse, même sans titres, sans rubans et sans retraite payée aux dépens des contribuables.

Il ne faut pas s'imaginer, néanmoins, que l'instruction y soit moins répandue que chez nous où, depuis Napoléon surtout, l'Etat se charge à peu près seul de la distribuer, où l'Université et les Facultés, les Lycées — même de jeunes filles — l'offrent en abondance à tous. En Amérique, les particuliers riches se font une gloire de contribuer à fonder, à doter, à entretenir les centres les plus complets d'enseignement, qui parfois attirent, par de gros avantages pécuniaires, d'illustres professeurs européens. En France même, depuis que la loi s'est un peu relâchée de sa sévérité à cet égard, les Catholiques sont parvenus à fonder des Universités qui luttent avec celles de l'Etat, et ce n'est que l'inertie du Parlement qui empêche, encore aujourd'hui, les principales villes de province d'en ouvrir de semblables, par le groupement des Facultés qu'elles entretiennent déjà, au plus grand avantage des familles désireuses de donner l'instruction supérieure à leurs enfants. Là encore, la vieille tradition centralisatrice enraye les progrès que l'Individualisme est tout disposé à réaliser.

Et c'est bien regrettable. Les caractères se trempent dans une vie de lutte, où l'on n'a rien à attendre que de soi-même ; on y gagne des habitudes d'indépendance et de résolution que l'on transmet ensuite à ses descendants. Un peuple semblable ne se soumet de bonne grâce ni à la servitude ni à l'injustice. Cela se voit bien en Angleterre, où la loi de l'*habeas corpus* garantit la liberté du moindre citoyen, où l'instruction d'un crime se fait publiquement devant un jury, où la liberté de la défense est pour ainsi dire illimitée, où la presse, expression de l'opinion publique, s'est affranchie longtemps avant celle de tous les autres pays, où le gouvernement n'oserait abandonner la défense d'un Anglais molesté à l'étranger.

De quoi l'on peut conclure que le meilleur gouvernement est celui qui gouverne le moins. En restant sur le terrain de l'Economie sociale, rien de plus vrai. Il serait facile, prenant une à une toutes les grandes découvertes ou inventions qui honorent l'humanité, et qui ont fait faire le plus de progrès à la richesse et au bien-être universels, de montrer qu'elles procèdent des initiatives individuelles. Pour les savants, c'est le désir de dépasser leurs émules ou leurs devanciers qui les a lancés dans les travaux arides et acharnés, qui les ont conduits à découvrir de nouvelles lois naturelles. Pour les industriels, c'est l'amour des richesses, de la domination, des honneurs qui les animait quand ils faisaient, dans leurs usines, d'heureuses applications de la science. Pour les artistes, l'idée seule de la gloire à acquérir les soutient et les enflamme, au milieu des privations, des déboires, des échecs de leurs débuts.

On peut même dire que l'intervention des pouvoirs publics est plutôt nuisible qu'utile aux progrès du génie humain. Christophe Colomb erre de royaume en royaume, promettant vainement un monde nouveau aux souverains qui l'éconduisent. Fulton est rebuté par Bonaparte, qui ne comprend pas la puissance et le rôle militaire de la vapeur. Le gouvernement de Louis-Philippe se refuse à croire à l'avenir des voies ferrées. Qu'ont fait les Rois ou les Empereurs pour Salomon de Caus, pour Galilée, pour Philippe de Girard ?

Mais toutes ces démonstrations, déjà bien connues, sont, de plus, parfaitement inutiles. Etant donnée la nature de l'homme, telle que nous avons essayé de l'analyser, personne ne peut douter qu'il ne s'efforce, par tous les moyens possibles, de surpasser ses semblables, dans les limites de la liberté dont on le laisse jouir. Il se fera plus savant, plus riche, plus puissant, selon les circonstances, selon ses aptitudes, et cela d'autant plus sûrement, et avec d'autant plus d'ardeur, qu'il sera plus certain de profiter personnellement de ses efforts.

Et cela concorde exactement avec ce que nous avons dit plus haut, du développement sans cesse croissant de l'Individualisme dans la société humaine. En effet, les progrès de toutes sortes s'accélèrent et se multiplient d'âge en âge, précisément comme s'accroît le nombre de ce que nous avons appelé les *Individus*. Plus il y a de liberté dans le monde, et plus il se fait d'efforts pour progresser dans tous les sens. La science, le commerce et l'industrie ont fait effectivement plus de progrès depuis 1789, qu'ils n'en avaient fait pendant les mille ans qui ont précédé la Révolution.

Est-ce à dire, cependant, que la société que nous a faite l'Individualisme toujours croissant soit la plus parfaite que nous puissions espérer ? Assurément non. Elle se perfectionnera encore, comme le font heureusement toutes les œuvres humaines. Jusqu'à quel point et à quel degré ? C'est ce qu'il est difficile de préciser. Mais ce que l'on peut affirmer sans hésitation, c'est qu'elle se développera toujours dans le même sens, c'est-à-dire en fortifiant de plus en plus le rôle et l'importance de l'*Individu*. Non pas seulement parce qu'il en a toujours été ainsi, depuis la formation des sociétés humaines, mais surtout parce que, ainsi que nous l'avons déjà démontré, cette évolution est la seule qui, conforme à la nature de l'homme, le pousse à vivre le plus pleinement possible, à affirmer et à développer son *moi*, obéissant ainsi à l'obligation que ressentent tous les êtres vivants de se conserver et de s'améliorer.

C'est pour cela qu'à diverses reprises il a été question, dans cette Etude, de réduire, bien plutôt que d'élargir, les attributions des gouvernements. Rien ne doit arrêter cette évolution, puisqu'elle dérive de la nature même, et nul ne peut être meilleur juge, que l'homme lui-même de ce qui entrave ou favorise son développement. Mais, comme les chances doivent être égales pour tous, on comprend que le vrai rôle du gouvernement est de veiller à ce que le développement de l'un ne se fasse pas au détriment du développement de l'autre. Telles sont les règles précises et absolues de l'Individualisme.

C'est seulement quand elles ne sont pas respectées que l'Individualisme peut être nuisible, et mérite, au moins dans une certaine mesure, les reproches que lui adressent ses adversaires. Poussé à l'excès, c'est-à-dire précisément quand il s'affranchit de toute règle, il offre des inconvénients dont ils ne se font pas faute de s'emparer pour le combattre; c'est surtout chez le peuple le plus Individualiste, chez les Américains du Nord, qu'on peut prendre sur le fait ces excès. Il serait puéril de les nier; il peut, au contraire, être utile de les connaître pour les éviter.

L'Individualisme y a pénétré jusque dans la

famille, dont les liens sont plus relâchés que dans n'importe quel autre pays. Le mari est toute la journée à ses affaires; la femme, pendant ce temps, abandonne ses enfants aux domestiques, pour aller faire ses emplettes ou ses visites; souvent le ménage s'installe à l'hôtel, ou dans une maison meublée, pour jouir d'une plus complète indépendance; inutile enfin de parler de l'incroyable liberté d'allures que les mœurs de ce pays permettent aux jeunes filles.

Le même principe domine dans la vie commerciale et industrielle; tout semble permis pour faire fortune; la concurrence est effrénée; par contre, les coalitions en réduisent les effets, au profit des producteurs qui s'entendent pour imposer leur prix de vente au public. Les grèves y sont d'une violence et d'une importance considérable, et la répression s'en fait, à coups de fusil parfois, non par les gouvernements, mais par les patrons eux-mêmes et à l'aide de mercenaires embauchés exprès. Tout cela est fatal, chez un peuple où chacun, seul artisan de sa fortune, entreprend successivement dix métiers avant de trouver celui qui doit l'enrichir, et songe plus à jouir, à sa façon, de sa fortune, qu'à la léguer à ses enfants.

Malheureusement, il n'est pas besoin d'aller si loin pour découvrir les inconvénients de l'Individualisme poussé à l'excès, c'est-à-dire dégénérant en égoïsme. Puisque cet égoïsme est naturel à l'homme, et a même été indispensable à l'homme primitif pour lui permettre de préserver son existence menacée de toutes parts, on comprend aisément que, même dans l'état social, il ne s'en soit pas complètement dépouillé. Peut-être pourrait-on prouver qu'il lui est encore nécessaire dans la vie civilisée, où la lutte pour l'existence, pour être moins âpre, n'en existe pas moins le plus généralement. Mais ce qui ne devrait pas être, c'est que cet égoïsme soit favorisé et consacré par les lois.

Dans ce cas, ses effets sont manifestes. Malgré quelques mesures inefficaces, il est constant que, au milieu des richesses accumulées, on peut voir parfois des misérables mourir de faim. Il y a des usines où, pour produire au meilleur marché possible, des pères de famille épuisent leurs forces, pour un salaire suffisant à peine à nourrir femme et enfants; où les enfants, même avant l'âge adulte, s'étiolent par un travail précoce; où la mère elle-même vient faire concurrence à son mari, pour parvenir à compléter le prix du pain de chaque jour.

Ainsi des générations entières s'élèvent dans l'ignorance, dans l'immoralité, dans une dégénérescence physique dont souffriront encore les générations suivantes. Le paysan, de son côté, pris entre les exigences du propriétaire et l'avilissement du prix de ses produits, se détache de la terre qui était jadis l'objet unique de ses ambitions, la source de ses vertus, de laquelle il attendait, presque à coup sûr, l'aisance et la santé (1).

Dans une société aussi civilisée que la nôtre, il est pénible de constater que le paupérisme et la criminalité ne diminuent pas ; que tant d'ouvriers de bonne volonté cherchent du travail sans en trouver ; que d'autres, faute parfois d'un peu d'aide, en perdent l'habitude et demandent des ressources au vice, les hommes au vol, les femmes à la prostitution, ou fassent de la mendicité une profession lucrative.

Or, quand il s'agit d'une société qui a sa base,

---

(1) Voir *La République utile,* chap. VIII (Paris, Fischbacher).

les lois de son développement dans l'Individualisme, il faut savoir reconnaître que, si l'Individualisme n'a pas directement donné naissance à tous ces maux, il n'a su du moins ni les prévenir ni les guérir.

# CHAPITRE III

## LE COLLECTIVISME

Le Collectivisme est le produit d'une réaction sentimentale, contre les inégalités et les injustices que comporte encore la société actuelle. Par cela même que c'est l'Individualisme qui semble les avoir produites, un raisonnement simpliste conduit à chercher son contraire pour les faire disparaître. Une société dont tous les rouages seront rigoureusement équilibrés, où les produits seront distribués équitablement, le travail imposé à tous, les jouissances permises à tous également, ne comportera plus ni pauvreté, ni exploitation du faible, ni accaparement des richesses par quelques-uns.

Le moyen ? Il est bien simple ; puisque c'est

du capital que tout le mal procède, parce que ceux qui en sont munis, pouvant seuls produire et trafiquer, monopolisent à leur profit toutes les richesses, le capital sera exproprié, et remis entre les mains de l'Etat. C'est ce qu'on appelle la *Nationalisation du capital.* L'Etat, scientifiquement organisé, calculera les besoins, et fixera en conséquence les quantités et les qualités des produits nécessaires à tous. Ce sera, selon Benoît Malon, la *Réalisation d'un état social dans lequel la terre, les instruments de travail et les forces du crédit et de l'échange, relevant de l'administration sociale, le travailleur recevra (la part des charges sociales étant prélevée) l'équivalent du produit de son travail.*

C'est la suppression radicale et absolue de la propriété. Mais quoi? La propriété n'est pas d'ordre naturel, mais d'ordre social. C'est le résultat d'une convention que les hommes ont faite entre eux, et ils ont le droit de la rompre. Cela est très vrai, et, en effet, ce qu'il faut prouver à l'encontre, ce n'est pas que la propriété soit sacrée, mais qu'elle soit utile; que les hommes ont eu raison de l'inventer, et qu'ils auraient bien tort de l'abolir.

Or, la propriété, c'est la seule vraie garantie de la liberté (1). Nous y aspirons tous, de toutes nos forces, parce que, seule, elle nous donne la sécurité entière, la véritable indépendance, et par conséquent la dignité qui s'attache à ces deux biens. C'est, de plus, un stimulant énergique et infaillible; pour l'acquérir, le paresseux travaille, le savant risque sa vie, l'inventeur brave le mépris, l'intempérant se prive ; elle est ainsi la source de tous les progrès ; elle accroît à la fois la richesse et la moralité publiques.

Mais le Collectivisme compte sur d'autres stimulants. L'amour-propre continuera à pousser les hommes à se distinguer de leurs semblables. Comme dans les lycées d'enfants, il y aura des tableaux d'honneur et des poteaux d'infamie. Peut-être même consentira-t-on à faire quelques accrocs au principe, en réservant, par exemple, une haute-paie aux plus laborieux et aux plus intelligents.

Seulement, il arrivera ceci : c'est que, la propriété étant abolie, on n'aura plus l'espoir de faire profiter ses descendants de ses efforts et de

(1) Voir *La République utile*, p. 8 (Paris, Fischbacher).

ses privations. On n'aura plus d'autre but que de jouir, personnellement, d'un peu plus de bien-être et de luxe que ses contemporains; et ce bel état social, qui devait développer au maximum l'altruisme, faire intervenir la solidarité dans toutes les relations humaines, aura favorisé l'égoïsme plus encore que cet Individualisme maudit, qu'il s'agissait de remplacer.

C'est là une raison de sentiment. Mais, nous le répétons, le Collectivisme lui-même n'est qu'une conception sentimentale. Si une fois on le creuse, et qu'on en cherche les applications possibles, rien ne tient plus debout. Il heurte de front la nature même de l'homme, renverse toutes les règles qu'il s'est imposées pour arriver au point de civilisation où il est parvenu, et demande, pour devenir réalisable, d'autres hommes, d'autres vertus, d'autres conditions d'existence que ce que comporte la société d'aujourd'hui.

D'autres hommes..... car, tels qu'ils sont, tels que les a faits la nature, ils ont une tendance invincible à contenter leurs besoins avec le moindre effort possible. Le jour où la vie matérielle sera garantie à tous, beaucoup se résigneront à vivre le plus sommairement possible, à condition de ne pas travailler, comme le font les sauvages de l'Australie ou de l'Océanie. Et, comme il est constant que nos aptitudes acquises se transmettent héréditairement à nos descendants, en s'accentuant même de génération en génération, qui sait si la race humaine ne referait pas, en sens inverse, le chemin qu'elle a parcouru depuis ses origines, devenant de plus en plus imprévoyante et paresseuse, comme les conditions dans lesquelles elle a vécu jusqu'ici l'avaient forcée à devenir de plus en plus travailleuse et prévoyante.

Quant à l'élite, au contraire, ce régime égalitaire la révolterait. L'homme, et c'est ce qui a fait sa grandeur et sa puissance sur la nature, l'homme a des désirs illimités ; toute satisfaction chez lui en appelle une autre, comme toute découverte scientifique engendre une découverte nouvelle ; savoir plus, pouvoir plus, vivre de plus en plus en un mot, c'est sa destinée, c'est son essence même, et c'est la vraie source de tous les progrès qu'il a accomplis. Il en est qui, quand on leur aura assuré le nécessaire moyennant cinq heures de travail, réclameront le droit de travailler dix heures pour obtenir le superflu. Car pour certaines natures ambitieuses, avides de tout, amoureuses de l'inconnu, le superflu est plus indispensable que le nécessaire.

Ce qui prouverait déjà, sans être obligé d'aller plus loin, que le Collectivisme n'est acceptable que pour la partie inférieure de la société, celle en qui l'éducation, l'énergie, la dignité font encore défaut; mais que, quant à ceux, même parmi les prolétaires, que l'exemple, l'atavisme, aidés du peu d'instruction déjà mise à leur portée, élèvent au-dessus de la masse, qui ont en quelque façon conscience du rôle de l'homme libre dans la société, qui se sentent le courage d'acquérir, même au prix de dures privations, une situation, modeste peut-être, mais indépendante, on peut être sûr qu'ils répugneront à cette promiscuité servile qu'on leur offre pour obtenir la sécurité matérielle, ou que, s'ils sont entraînés, par une majorité inconsciente, dans l'essai de cette organisation sociale qui fascine beaucoup de leurs égaux, c'est parmi eux que ne tardera pas à se former l'inévitable noyau d'opposition, destiné à ramener les hommes au développement normal de leur Individualité.

D'autres vertus..... car celles que nous sommes habitués à honorer et à nous efforcer d'acquérir, le courage, l'énergie, l'indépendance d'esprit, la dignité, deviendraient des vices dans la société collectiviste. L'égalité parfaite est un rêve, et chacun comprend — les Collectivistes eux-mêmes le reconnaissent du reste — qu'il faudra dans leur société des chefs, des directeurs, enfin un gouvernement quelconque. Calculer les besoins de toute une Nation, depuis le pain de chaque jour jusqu'aux biberons des enfants et aux béquilles des vieillards, sans compter les consommations d'art et de luxe — à moins qu'on ne se décide à les proscrire — ce n'est pas une petite affaire; il y faudra de solides cervelles, et nombre d'employés, de contrôleurs, inspecteurs, fonctionnaires, peut-être même plus nombreux que ceux d'aujourd'hui. Mais enfin, la grande majorité n'aura qu'à obéir, à travailler, non à ce qui lui plaira le plus, mais à ce qui sera le plus consommé, à manger, non pas toujours à son goût, mais ce que les chefs auront jugé le plus utile de produire.

L'abnégation, la résignation, le doute de soi-même, le respect absolu du pouvoir, comme aux beaux jours de la Monarchie, telles seront les vertus que l'on recommandera, que l'on enseignera, que l'on récompensera. Nul doute, au surplus, qu'elles ne soient indispensables; car si, de nos jours, les statistiques de la récolte du blé, par exemple, ne sont, le plus souvent, d'accord, ni entre elles, ni avec la réalité, il est probable que les directeurs de la production générale se tromperont quelquefois, ce qui imposera de sérieuses privations et d'amers déboires à leurs administrés. Espérons que, pour maintenir les mécontents, on ne sera pas forcé de relever les ruines de la Bastille et d'en revenir aux lettres de cachet.

Ce qu'il y a de sûr, c'est qu'une condition indispensable, pour l'établissement et le maintien du Collectivisme, c'est qu'il soit universel. Karl Marx était bien inspiré en fondant l'*Internationale,* comme base de la rénovation sociale. Tant que les hommes ne se seront pas transformés, et n'auront pas acquis les vertus spéciales que ce nouveau régime social exige, il sera bon de ne laisser à leur portée aucun coin de la terre habitée, et même habitable, où règne encore la liberté. Ce coin de terre deviendrait en peu de temps le plus peuplé, le plus riche et le plus heureux du Globe. Chacun y courrait mettre à l'abri les débris de sa fortune, et satisfaire son appétit d'indépendance.

C'est là une grosse difficulté. Si le Collectivisme

ne s'établit pas, du premier coup, dans le monde entier, mais seulement dans un pays plus avancé que les autres, la France par exemple, il faudra donc qu'il s'y établisse par la force. Et alors ce sera l'arbitraire, dans sa forme la plus intolérable, avec toutes les rigueurs que dut déployer la Très Sainte Inquisition, pour établir l'unité de foi dans le monde catholique. Ou bien, s'il décide de respecter la liberté de chacun, le voilà obligé d'offrir, dès l'abord, à tous, une existence telle, qu'aucun des plus favorisés de l'ancienne société ne se sente dans le cas de rien regretter. Autrement, il est de toute évidence que quiconque se sentira la capacité nécessaire pour se procurer un bien-être au-dessus de la moyenne garantie dans la société nouvelle, émigrera, sans hésiter, dans un pays encore soumis au régime ancien.

De là la secte nouvelle, exagérée mais logique, des *sans-patrie*. Pour eux, l'idée de patrie est mauvaise, arriérée, rétrograde; elle entrave ce progrès universel qu'ils ont rêvé. Et ils ont raison; tant que l'homme aura conservé cette pieuse tradition qui l'attache à un sol commun, à cette vaste famille dont les plus lointains ancêtres lui ont légué des idées, des habitudes,

des mœurs, un caractère particuliers, qui font qu'à l'étranger deux nationaux se reconnaissent au milieu des autres familles humaines, il y a chance que tel ou tel pays se montre réfractaire à leur propagande universelle. Et alors il arrivera ceci, qu'il y aura toujours une patrie prête à adopter tous ceux qui, fuyant la domination de politiciens sectaires et infatués d'eux-mêmes et de leur système, chercheront ce lieu écarté, où l'on pourra conserver son libre-arbitre, sa personnalité, son individualité,

Où d'être homme d'honneur on ait la liberté !

D'autres conditions sociales..... car enfin il faut bien reconnaître que, malgré les efforts faits pour entraver le développement des libertés décrétées par la Révolution, il y a encore, chez nous, place pour quelques efforts individuels, et quelques exemples de travailleurs affranchis par leur courage et leur sobriété. Tandis qu'en régime collectiviste, tout effort serait commandé, tout résultat serait prévu, et il n'y aurait d'indépendants que ceux que le hasard, ou l'hérédité, ou le vote de leurs pairs auraient mis à la tête du gouvernement.

Et, au fait, quelle sera l'origine de ce gouvernement collectiviste? Cela importe à savoir. L'hérédité? Alors on serait en Oligarchie, ce qui ne peut être considéré comme un progrès politique. Le hasard? La supposition ne me paraît pas assez sérieuse pour qu'on la réfute. L'élection? C'est ce qu'il y a de plus probable, car on ne peut guère supposer que le peuple de demain renonce au suffrage universel, après en avoir joui pendant un demi-siècle. Or le suffrage universel implique l'élection à presque toutes les fonctions; il est envahissant de sa nature; c'est le recours naturel des masses qui se sentent, ou même qui se croient mal gouvernées.

Or, mal gouverné, aucun peuple précisément n'aura eu plus de chances de l'être que le peuple collectiviste. L'Etat, à l'heure qu'il est, a déjà bien du mal à se démêler dans toutes les attributions dont nos pères se sont plu à le charger; bien souvent, on en est réduit à se consoler d'un déni de justice par un dédaigneux haussement d'épaules, qui veut dire : N'en voulons pas au ministre ou au préfet; ce n'est pas sa faute; on sait bien qu'il n'a pas le temps de lire tout ce qu'il signe!

Que sera-ce quand l'Etat absorbera toutes les

forces vives du pays? quand il sera, non plus seulement marchand de tabac, de poudre à tirer et d'allumettes, comme aujourd'hui, mais cultivateur, éleveur, meunier, boulanger, filateur, tisseur, tailleur, mineur, fabricant et détaillant universel, comme on nous l'annonce. Et s'il est vrai que le monopole de la Banque de France, de l'Université, des Chemins de fer, et en général tous ceux que la haute finance a accaparés soient nuisibles, — ce qui, pour nous, du moins, est incontestable — comment nous accommoderons-nous avec cet Etat pourvu d'un monopole universel?

Il est déjà bien difficile, aujourd'hui, d'avoir raison contre l'Etat, contre un ministre, contre un préfet, ou même seulement contre le maire de sa commune; une juridiction spéciale a même été établie exprès pour protéger les administrations contre les résistances des particuliers; l'asservissement de la magistrature, qui attend pourtant faveurs, avancement, changements de résidence du gouvernement, n'a pas paru donner encore assez de garanties de sa docilité. Mais tout du moins on a raison de ses fournisseurs, grâce à un bon procès, bien coûteux, même pour celui qui le gagne, quand ils vous ont trompés, ou volés, ou manqué de parole. Hélas! cette modeste satisfaction va nous échapper encore quand l'Etat, ou la commune, sera devenu notre fournisseur universel.

Mais, par contre, comment l'Etat, ou la commune, propriétaire, entrepreneur, vendeur et acheteur de toutes choses, se conduira-t-il vis-à-vis du locataire ou du client récalcitrant? Déjà aujourd'hui, quand par malheur on exécute un contribuable insolvable, la réprobation générale poursuit les agents de l'exécution; les cas de ce genre seront bien plus nombreux encore, il faut s'y attendre, si l'on songe à tous ceux qui considèrent que voler l'Etat c'est ne voler personne, et qui, dans l'espèce, céderont facilement à la tentation de ne pas fournir exactement, en travail, l'équivalent de ce qu'ils recevront en logement ou en denrées. Ou bien l'Etat se résignera à nourrir tous les paresseux — ce qui ne peut manquer d'en augmenter le nombre — ou bien il lui faudra, pour les contraindre à travailler, encore plus de gendarmes et de prisons qu'il n'y en a maintenant.

Il est surprenant, du reste, si le fonctionnement du Collectivisme était si facile, que l'homme n'ait pas commencé par là. Si jamais le terrain sembla bien préparé pour y implanter cette forme sociale, c'est au début même des sociétés, dans la famille primitive, quand, sous les ordres du patriarche, une tribu menait la vie pastorale, mettant en commun les produits du sol et du troupeau, contribuant également à la défense commune. Mais, si la société humaine avait évolué dans ce sens, au lieu d'évoluer, comme nous l'avons vu, vers l'Individualisme, que serait-il arrivé? La propriété privée n'eut pas été instituée, ni le capital, et par conséquent personne n'eut acquis le moyen de vivre oisif; il n'y eut donc eu, faute d'oisifs pour faire de la science pure, ni instruction, faute de professeurs, ni industrie, faute de capitaux, ni beaux arts, faute d'acheteurs. Peut-être serions-nous plus heureux; mais à coup sûr nous ne serions pas ce que nous sommes, et nous ressemblerions plus à des Bédouins errant d'oasis en oasis, qu'à des Européens du dix-neuvième siècle, du siècle de la vapeur et de l'électricité.

Supposons pourtant que ces obstacles ont été surmontés. Les hommes ont conçu une si haute idée du bonheur que leur réserve l'application du Collectivisme, qu'ils se sont résignés aux privations que les premiers essais leur imposent; ils ont renoncé à leur égoïsme, aux habitudes du passé, aux luttes qui les exaltaient, au désir de supériorité (et non d'égalité) qui est le fond vrai de leur nature; leur abnégation a rendu l'évolution facile, et le Collectivisme est devenu la loi sociale. Mais encore faut-il savoir comment cette société nouvelle sera administrée; admettons même les premiers administrateurs choisis librement et installés; n'auront-ils pas le désir, et peut-être le pouvoir, de se perpétuer dans leurs fonctions? Alors ce sera l'esclavage des autres. Et encore ce serait probablement ce qui pourrait arriver de mieux, car si, au contraire, chacun administre à son tour, on doit se demander comment les choses iront, quand le tour des maladroits sera venu.

Et il n'y a pas de raison pour qu'il ne vienne pas; surtout si c'est le suffrage universel qui est chargé de désigner les administrateurs; nous n'en avons eu, et nous n'en avons tous les jours que trop d'exemples sous les yeux. Or, ainsi que nous l'avons déjà fait pressentir, leur besogne ne sera pas des plus commodes : régler la production implique la nécessité de régler aussi la consommation; car si la consommation est libre, la production peut se trouver, tantôt insuffisante, et tantôt excessive. Après les privations volontaires que le désir de réussir, et l'espoir d'un heureux avenir, auront fait supporter au début, les appétits comprimés ne tarderont pas à reprendre leur expansion naturelle, encore accrue par ce retard. Chacun, interprétant au mieux de ses désirs les promesses des initiateurs, se croira des droits au bonheur le plus envié au temps passé, et il n'y a pas de raison pour que chacun, à l'envi les uns des autres, n'entende pas vivre comme il avait vu vivre les millionnaires auxquels il a rêvé de succéder. Combien faudra-t-il que les associés consentent d'heures de travail journalier, pour subvenir à une aussi énorme consommation ?

Il faudra pourtant bien admettre cette liberté de la consommation, sans quoi ce serait un retour à l'esclavage, et même à un esclavage pire que celui d'autrefois. Chargée de fournir à l'alimentation, au vêtement, au logement, et même aux distractions indispensables de plusieurs millions d'hommes, l'administration, sous le coup d'une pareille responsabilité, pourrait bien perdre la tête, et pousser la réglementation à l'extrême. Qui sait s'il lui paraîtrait suffisant de régler la consommation des vivants ? Des naissances d'enfants trop nombreux pourraient venir déranger ses calculs, et la prudence l'obligerait sans doute à n'en autoriser annuellement qu'un certain nombre.

Le gouvernement collectiviste sera donc tout particulièrement *une Commission de Statistique,* puisque son occupation principale sera de fixer les quantités à produire, dans chaque catégorie de consommations. Mais, si son embarras sera grand, comme nous venons de le voir, quand il s'agira d'objets fabriqués qui demandent quelques semaines, ou tout au moins quelques jours pour être terminés, on les devine déjà plus graves dans le règlement des cultures de plantes alimentaires, telles que la pomme de terre, le blé, et tous les légumes. Enfin il est à croire qu'ils deviendront inextricables, pour ce qui est des cultures arbustives dont les premières récoltes se font attendre pendant des années, telles que celles des arbres fruitiers, et notamment des plus indispensables, la vigne et les poiriers ou pommiers à cidre.

Nécessairement la commission devra faire le commerce extérieur. D'ailleurs aucun peuple civilisé n'est en état de produire tout ce qu'il consomme. Sans commerce, il faudrait que la France se passât de café, de thé, de poivre, et l'Italie de charbon de terre. Mais, dans ce commerce, nous allons retrouver l'odieuse concurrence qui est, dit-on, aujourd'hui, la cause de la surproduction, des faillites, et de la baisse des salaires. Il est probable que ces tristes conséquences ne seront pas atténuées parce que la concurrence se ferait, non plus entre particuliers, mais entre nations. Quand un usinier fait faillite, il n'y a qu'une famille de ruinée, et quelques centaines seulement d'ouvriers sans travail; quand ce sera une nation tout entière, quel désastre !

Encore, dans tout cela, n'avons-nous parlé que de la production des objets de première nécessité. Mais une nation civilisée — et il est bien entendu que le Collectivisme ne veut pas faire déchoir l'humanité — ne se réduira pas volontairement à la simplicité de mœurs des Spartiates; elle ne voudra pas rompre avec les arts, le luxe, la fantaisie. La fameuse commission de statistique devra prévoir le nombre de mètres, la qualité, la couleur des étoffes qu'elle fera fabriquer pour l'habillement et l'ameublement. Il faudra renoncer *aux modes,* car si l'une de ces étoffes est prise en goût, il n'y en aura jamais assez, et les autres resteront pour compte au gouvernement. Tandis que, si un décret ordonne que tout le monde s'habille d'une certaine façon, ce sera une grande économie; il est vrai qu'il faudra créer un grand nombre de fonctionnaires bien payés — *Inspecteurs des Modes* — pour faire exécuter le décret.

Mais est-il nécessaire de pousser plus loin la réfutation d'une utopie qui, on peut bien le dire, se réfute d'elle-même? Elle promet l'affranchissement économique du travailleur, et elle le soumet à la tyrannie d'un Etat qui règlera, non seulement ses productions, mais encore ses consommations, jusque dans le moindre détail, et en dehors de tout contrôle effectif, sauf les changements de personnes, opérés par le vote d'une masse mal éclairée sur ses propres besoins, et portée même à les exagérer, par suite des promesses folles qui l'auront abusée.

Elle annonce l'amélioration universelle de la race, devenue apte à vivre dans une société enfin basée sur l'altruisme et la solidarité, et elle semble s'attacher, comme à plaisir, à exalter chez ses adeptes l'appétit des jouissances matérielles, ne leur montrant d'autre but de la révolution qu'elle prépare que la substitution des prolétaires aux capitalistes, du métier à l'art, de la routine à la science, de la stagnation au progrès.

Cette réfutation est devenue d'autant plus inutile que, au fur et à mesure que la soi-disant doctrine a été plus connue, plus discutée, et depuis surtout que quelques votes inconscients lui ont donné place dans les corps élus, ses apôtres eux-mêmes ont si bien senti son inanité, qu'ils l'ont déjà très profondément modifiée. Il paraît que ce n'est là que du Communisme, mais que le Collectivisme vrai est tout autre chose. Et encore faut-il distinguer, car il y en a plusieurs, et le plus vrai, paraît-il, c'est celui de Benoît Malon, le *Collectivisme réformiste.*

Et, en fait, il est moins ambitieux, moins absolu : *Le parti ouvrier demande, et se borne à demander, l'expropriation pour cause d'utilité publique des mines, des carrières, du sous-sol en général, ainsi que des grands moyens de production et de transport.* Il est vrai qu'on ajoute : *Un jour doit venir où les mœurs, éclairées et adoucies par une longue période de justice économique et de solidarité croissante, étant devenues plus sociales, le Collectivisme sera remplacé par ce qu'on appelle le Communisme libertaire.* Mais ne nous préoccupons pas de cet avenir lointain;

acceptons le Collectivisme nouveau pour ce qu'on nous le donne, et examinons-le.

Eh bien! c'est tout simplement le Socialisme d'Etat, ce que les Allemands appellent le Socialisme de la chaire, ou scientifique, ce que plus récemment on a désigné par un mot barbare, que nous demandons la permission de conserver, à cause de sa concision et de sa netteté : *l'Etatisme.* Système qui prétend substituer la force collective de l'Etat au libre jeu des forces individuelles, la prévoyance de quelques-uns à celle que chacun est poussé, par sa nature même, à déployer dans l'intérêt de sa conservation et de son amélioration, et qui croit pouvoir donner gratuitement à tous le bonheur, la sécurité, les jouissances, que l'on s'imaginait, jusqu'alors, que l'homme devait mériter par son travail, son économie, et sa sobriété. Nous allons voir s'il y a quelques chances de réussite pour une organisation sociale qui cessera d'être basée sur la règle capitale à laquelle la société humaine a obéi depuis son origine : la multiplication et l'amélioration des *Individus.*

---

# CHAPITRE IV

## L'ÉTATISME

Ayant ainsi montré que le Collectivisme et l'Etatisme ne font qu'un, le terrain de la discussion se trouve déblayé de moitié. En effet, tous les arguments que nous avons employés contre l'un pourraient tout aussi bien se répéter contre l'autre.

Mais il importe de préciser, pour bien comprendre la situation dans laquelle la confusion des esprits et des doctrines place la société humaine, et celle, pire encore peut-être, vers laquelle elle s'achemine inconsciemment.

Au fond, si le Collectivisme semble renoncer à la rigueur de ses principes, et se réduire à des revendications qui se confondent avec les solutions, plus timides, proposées par les socialistes d'Etat, on aurait bien tort de croire à son abnégation et à sa bonne foi. Les collectivistes, d'ailleurs, laissent souvent entendre que l'Etatisme n'est qu'une étape, et semblent toujours entrevoir, dans l'avenir, l'application intégrale de leur système. Les textes cités, soit dans le chapitre précédent, soit dans le présent chapitre, le prouvent bien.

De sorte que l'Etatisme, qui est, entre les mains de ses promoteurs, une précaution prise contre le Collectivisme, un minimum de concessions à l'aide duquel ils comptent satisfaire aux besoins du présent, et paralyser les aspirations de l'avenir, l'Etatisme est tout simplement, au contraire, un acheminement lent et sûr vers le Collectivisme. Il lui prépare les voies, il y habitue les esprits, de telle façon que, à un moment donné, le pays, déjà à moitié Collectiviste, attribuera ses souffrances à ce qu'il ne le sera pas encore tout à fait.

Nous savons déjà ce que c'est que l'Etat. Voyons maintenant comment et pourquoi chacun se tourne de son côté et en attend une amélioration de son sort, et comment l'impossibilité de l'obtenir amènera tout naturellement le

Collectivisme. Ce chapitre a pour titre *l'Etatisme;* mais le Collectivisme et lui se confondent de telle sorte, qu'il y sera tout autant question de l'un que de l'autre.

L'Etat n'étant qu'une abstraction, une entité à peu près impersonnelle, on n'en est pas encore arrivé à trouver honteux de vivre aux dépens de l'Etat. On ne se rend pas compte de ce fait, que les finances de l'Etat ne se composent que de l'impôt prélevé sur la masse des citoyens, de sorte que, en réalité, vivre aux dépens de l'Etat, c'est vivre aux dépens des autres. C'est de la même façon que raisonnent les fraudeurs et les braconniers, quand ils se persuadent que voler l'Etat c'est ne voler personne. On va même plus loin, on se glorifie du titre d'employé de l'Etat, et on se fait fréquemment décorer pour lui avoir fourni, pendant trente ans, trois ou quatre cents francs de travail, pour trois ou quatre mille francs d'appointements.

L'Etat apparaît à beaucoup comme une seconde Providence. Les habitudes monarchiques, contractées par nos pères pendant tant de siècles, persistent encore chez la plupart d'entre nous ; un commerce ou une industrie qui périclitent ne comptent que sur l'Etat pour se relever ; on demande à l'Etat de donner du travail à ceux qui n'en ont pas, d'assurer la vieillesse de ceux qui ont manqué de prévoyance, de faire éclore de grands artistes et de grands écrivains, d'enseigner l'agriculture aux paysans, de déterminer les religions qui méritent d'être subventionnées, etc., etc. Est-il donc étonnant que les collectivistes veuillent organiser un Etat qui soit propriétaire de tout le sol, détenteur de tous les capitaux, assureur de toutes les existences et exécuteur de toutes les transactions ?

Il est probable que, parmi ces derniers, il y en a quelques-uns qui se disent que cet Etat nouveau aura nécessairement pour coryphées ceux qui l'auront annoncé, préparé, instauré. D'où il arrive que, par un calcul analogue, les détenteurs actuels du pouvoir ne voient rien de mieux à faire, pour se le conserver, que de réaliser, au moins en partie, cet Etat bienfaiteur universel. C'est ainsi que Bismarck croyait couper l'herbe sous le pied aux socialistes allemands, en prenant à son compte, et en faisant voter par un Parlement docile, les assurances contre les accidents et la vieillesse.

Envisagées au point de vue sentimental, ces lois semblent bonnes et utiles ; elles pansent des plaies douloureuses et soulagent des misères imméritées. Et cependant, on est bien obligé de reconnaître que leur effet immédiat est de paralyser l'effort, cette vertu des pauvres qui, au prix de privations volontaires, les élève au-dessus de la moyenne de leurs semblables, leur fait franchir un premier degré, le plus difficile de tous, dans l'échelle sociale, et en fait les chefs vénérés de familles affranchies, les créateurs de cette bourgeoisie travailleuse et économe qui, dès les origines de la société moderne, lui a fourni ses savants, ses juges, ses industriels, et, plus tard, ses députés et ses ministres.

C'est là le vice capital de toute assurance basée sur l'intervention de l'Etat. En principe, chacun doit être son propre assureur; dans l'application, ce principe peut souffrir peut-être, au moins momentanément, quelques atténuations; la grande difficulté est de préciser la mesure jusqu'où peut s'étendre l'intervention de l'Etat, et sous quelle forme elle doit s'exercer. La loi qui est en discussion dans le Parlement, imitée de celle qui fonctionne si péniblement en Allemagne, suppose un versement annuel inégalement opéré par le patron, l'ouvrier et l'Etat; de la part de l'Etat, on ne peut nier que ce soit une aumône déguisée, et ceux qui savent ce qu'a produit la loi des pauvres, en Angleterre, sont en droit de se demander si cette aumône n'aura pas pour effet de diminuer, plutôt que d'augmenter, la tendance déjà si faible des ouvriers à la prévoyance. D'ailleurs, au train que prennent les choses depuis quelque temps, il est manifeste que les collectivistes ne tarderont pas à faire reporter la charge entière sur l'Etat.

Du côté du patron, ce versement est justifiable, en ce sens que l'ouvrier et le patron sont deux coopérateurs, entre lesquels la justice exige que les bénéfices de l'entreprise soient répartis aussi également que possible. Mais à une condition, c'est qu'il y ait des bénéfices. Que deviendra l'application de la loi, quand il n'y en aura pas? Et quelle sera la situation du patron, dans l'alternative d'augmenter ainsi les salaires quand son entreprise sera en perte, ou de ruiner son crédit en proclamant hautement ses embarras commerciaux?

Reste donc l'ouvrier seul, pourvu de ressources manifestement insuffisantes, au moins dans la plupart des cas. Or il n'est pas difficile de montrer que c'est par le fait même de l'Etat, et par l'aggravation continue des impôts indirects, que l'économie lui a été rendue de plus en plus impossible. En présence des résistances, jusqu'à présent invincibles, que les pouvoirs publics opposent à une réforme de l'impôt, on peut soutenir, avec quelque raison, que l'Etat doit aux ouvriers la compensation du préjudice que leur cause cette inégale répartition des charges ; il suffit pour cela de constater que, depuis cent ans, les impôts directs, qui frappent plus particulièrement la richesse, ont été constamment diminués, tandis qu'augmentaient parallèlement les impôts indirects qui frappent également tous les consommateurs, sans tenir compte de leurs ressources.

Pour ces motifs, on comprendrait que l'Etat favorisât l'épargne de l'ouvrier ; mais non directement, en en augmentant le taux, sous cette forme brutale d'aumône dont nous parlons plus haut. On pourrait, par exemple, décider que les versements des prolétaires à la Caisse des retraites porteraient intérêt à 6 ou 7 °/o ; l'accumulation des intérêts augmenterait ainsi plus rapidement le capital ; l'intervention de l'Etat serait dissimulée ; l'ouvrier aurait l'illusion d'un effort autonome, avec un résultat encourageant pour les générations suivantes. Mais, encore une fois, il serait bien plus simple, et bien plus conforme aux lois de la science économique, de faciliter l'épargne ouvrière en dégrevant tous les objets de consommation alimentaire et usuelle, et en reportant le plus fort de l'impôt sur la richesse.

Malheureusement l'homme n'est pas parfait. Une fois arrivés à une situation prépondérante, les prolétaires d'hier, ou leurs fils, ne pensent plus qu'à la consolider à leur profit. Ils oublient leurs commencements difficiles, et ne font rien pour les rendre plus faciles à ceux qui s'efforcent de les imiter. Ce serait là pourtant la vraie solution de cette fameuse *Question sociale,* qui trouble la société d'aujourd'hui. Ils usent des pouvoirs politiques qu'ils ont acquis pour entraver cette éclosion des *Individus* dont ils sont eux-mêmes les bénéficiaires. C'est eux qui, en paralysant le développement de l'Individualisme, qui les a pourtant faits ce qu'ils sont, préparent inconsciemment l'avènement prochain du Collectivisme.

Cela a commencé par le Protectionnisme. Chez un peuple habitué de longue date à l'absolutisme, le gouvernement est, ou doit être, le dispensateur des maux et des biens. Quiconque ne fait pas bien ses affaires a recours au gouvernement. On protège la betterave contre la canne à sucre; puis, de proche en proche, l'exemple des raffineurs tente les autres corps d'état; les filateurs et les maîtres de forge obtiennent des droits de douane, destinés à écarter leurs concurrents d'Angleterre; quand les vastes défrichements d'Amérique jettent des millions d'hectolitres de blé sur les marchés européens, les gros propriétaires, au lieu d'abaisser leurs fermages, trouvent plus commode de faire taxer à la frontière les blés étrangers; entraînés dans le mouvement général, les vignerons du Midi qui, jusqu'alors, tenaient à honneur de braver la concurrence de l'Espagne et de l'Italie, demandent à être protégés à leur tour.

Mais, une fois lancés sur une pente semblable, il est impossible de s'arrêter; l'appétit vient, non en mangeant, mais en voyant manger les autres; puisqu'on protège les fabricants, les ouvriers demandent à être protégés aussi; et ils ont raison; c'est même par eux qu'on aurait dû commencer, car ils sont plus intéressants que les capitalistes. En présence de droits protecteurs qui garantissent un minimum de profits à leurs patrons, ils ont droit à ce qu'on leur garantisse un minimum de salaire. Et même, une fois partis dans cette voie, les politiciens qui les mènent, et qui prétendent les représenter, exigent pour eux la réduction des heures de travail, des indemnités en cas d'accident, et des pensions de retraite pour les vieillards.

Seulement il va arriver ceci : les fabricants vont protester; dans la protection universelle, on aura eu beau laisser de côté ce qu'on appelle les *matières premières,* bien des industriels emploient comme matière première des objets déjà transformés par d'autres industries protégées. Alors, comme on leur fera payer plus cher leurs matières premières, et qu'on va de plus hausser leurs prix de main-d'œuvre, ils ne pourront plus, même à l'abri des droits protecteurs, lutter contre leurs concurrents de l'étranger.

Comment l'ETAT, le tout-puissant et omniscient ETAT, se reconnaîtra-t-il dans cette confusion, c'est ce qu'il est difficile de prévoir. En protégeant les uns, il ruinera les autres; l'ouvrier, mieux payé, achètera plus cher ce qu'il consomme, et n'en sera pas plus riche; le marché extérieur sera fermé à nos fabricants produisant plus chèrement que les autres..... C'est alors que les collectivistes-réformistes triompheront : puisque les particuliers ne peuvent pas se tirer d'affaire, l'Etat se substituera à eux, deviendra usinier, capitaliste, cultivateur, détaillant au besoin; en un mot nous serons en plein *Collectivisme.*

Et alors, ce sera l'*Appropriation collective de tous les moyens de production et de circulation.* La terre, les mines, les fabriques, les institutions de crédit, les moyens de transport, feront partie du domaine collectif, et seront exploités par des administrations publiques autonomes, sous la surveillance du pouvoir central. Mais cela, paraît-il, ne supprimera ni les petits propriétaires, ni les petits fabricants, ni les petits commerçants. En effet, *l'appropriation collective ne s'impose, au point de vue de l'intérêt social, que dans les branches d'industrie où la concentration des capitaux a fait disparaître la petite propriété fondée sur le travail.*

Ainsi, pour le moment, les collectivistes renoncent à l'Etat fabriquant et vendant par lui-même; en régime collectiviste, les services publics seront *autonomes ; conformément à des lois générales, et sous la surveillance de l'Etat, chaque branche de l'Economie sociale appartiendrait à un système particulier, ayant des subdivisions territoriales et des centres administratifs pour diriger la production et la répartition des biens.* La définition manque de clarté. Si la surveillance de l'Etat s'entend au sens un peu large, l'autonomie de ces centres administratifs sera réelle ; sinon ce ne sera plus l'autonomie.

Et d'ailleurs, qu'attendre de cette surveillance de l'Etat ? L'Etat était censé surveiller le *Comptoir d'Escompte,* ce qui n'a pas servi à grand'chose. Il paraît à peu près certain que, si l'Etat ne surveillait pas l'entreprise du *Panama,* beaucoup de ses membres la connaissaient d'assez près, ce qui, du reste, l'a plutôt aidée à sombrer. Sera-t-on devenu si vertueux sous le Collectivisme, qu'il ne s'y trouve aucun Denfert-Rochereau parmi les surveillés, aucun Baïhaut parmi les surveillants ?

Eh bien ! admettons-le. Ses apôtres sont pleins de si bonnes intentions ! l'égalité universelle laissera tout le monde si content de son sort, que nul n'éprouvera l'envie de s'enrichir et de dominer. Et ce sera absolument nécessaire, car, dans le cas de l'autonomie vraie de ces services publics, rien n'empêcherait les chefs d'exploiter les ouvriers, absolument comme les monopoleurs actuels; s'ils vendent à l'intérieur, ils seront tentés d'accaparer, tout comme eux; s'ils vendent à l'étranger, la concurrence pourra les induire à diminuer les salaires; ce seront, avec ou sans la surveillance de l'Etat, les mêmes grandes usines, les mêmes grandes entreprises de transports, les mêmes grandes banques d'aujourd'hui, et les ouvriers risquent fort de n'y rien gagner.

Peut-être donc faudra-t-il en revenir à la surveillance, et la rendre aussi efficace que possible. Mais alors les Directeurs de services publics, soi-disant autonomes, seront purement et simplement des *Fonctionnaires*. Ce sera l'Etat qui décidera de tout, et eux ne feront qu'exécuter les ordres du pouvoir central. Et ainsi nous voilà, par un détour, ou, pour mieux dire, par la logique même des choses, revenus au Collectivisme pur, à ce Communisme primitif qu'on prétendait hautement répudier.

Veut-on maintenant se faire une idée de ce que deviendra la liberté de l'ouvrier sous ce régime de l'Etatisme? Les exemples ne manquent pas, déjà assez concluants pour ouvrir les yeux — quand ils voudront y voir clair — de ces malheureux que des utopistes inconscients, ou des politiciens très conscients, égarent à qui mieux mieux. En Allemagne et en Russie, obéissant peut-être à des préoccupations fiscales et militaires, plutôt qu'économiques, le gouvernement a déjà mis la main sur la plupart des lignes ferrées, les a monopolisées et les exploite en régie. Mais on ne badine pas avec l'Etat comme avec une Compagnie ; l'Etat ne veut ni grèves, ni discussions avec ses subordonnés, ni surtout interruptions de service sur des lignes qui ont un intérêt stratégique ; la société — la collectivité — a des droits supérieurs à ceux des particuliers; en raison de quoi, en Allemagne et en Russie, les ouvriers des chemins de fer sont soumis au régime militaire. Voilà sûrement ce qui attend les ouvriers de toutes les industries *nationalisées !* Déjà, en France, ne voyons-nous pas le gouvernement refuser aux ouvriers des chemins de fer de l'Etat le droit de se syndiquer, *parce qu'ils sont des fonctionnaires ?*

Ou bien — car il faut tout prévoir — les ouvriers ne se laisseront pas plus opprimer par leurs patrons-fonctionnaires, que par leurs patrons-capitalistes. Et même moins, s'ils sont logiques. Car enfin, c'est probablement au nom de la Démocratie que cette nouvelle organisation sociale aura prévalu; en Démocratie, tout le monde est citoyen, et tous les citoyens sont égaux; quand on consent à accepter un chef, c'est à la condition qu'il soit *temporaire* et *électif*. S'ils sont conséquents avec eux-mêmes, les collectivistes feront élire, par leurs ouvriers, les directeurs des grands services publics. Et alors..... N'insistons pas! Passe pour un maire de Saint-Denis ou de Saint-Ouen; mais le chef de la traction du P.-L.-M., franchement c'est une autre affaire.

Ainsi prenons *la Mine*, qui est le tremplin favori des revendications collectivistes actuelles; en étudiant les conséquences de ces revendications, nous allons précisément voir s'affirmer l'analogie, ou pour mieux dire la confusion qui existe entre le Collectivisme et l'Etatisme. En tout cas, et lequel de ces deux systèmes qui soit préféré, on est sûr d'y retrouver toutes les inconséquences, et toutes les impossibilités qu'ils comportent, l'un et l'autre, à un égal degré.

Et d'abord, si les mines sont monopolisées par l'Etat, il faut que toutes les industries qui emploient la houille le soient aussi, puisque l'Etat tiendra leur sort dans ses mains. Ensuite, dans un cas pressant, il cherchera probablement à en augmenter le bénéfice à son profit, comme il l'a fait, à diverses reprises, pour les tabacs. Si elles sont affermées à des compagnies, il faudra à ces compagnies des capitaux, donc des actionnaires qui rechercheront, comme aujourd'hui, les plus gros dividendes possibles, ou qui, s'ils en sont empêchés par la fameuse surveillance de l'Etat, iront tout simplement porter leurs capitaux ailleurs. Si enfin on les concède à des ouvriers syndiqués, quelque bonne opinion qu'on ait de l'humanité en général, on échappe difficilement à l'éternel dilemme : que seront les directeurs? — Elus? on aura souvent des maladroits. — Commissionnés? ce pourra bien parfois être des concussionnaires. Et même, là où les ouvriers seront sages et prudents, ils choisiront des bourgeois, qu'ils sentiront plus capables. Qu'y aura-t-il de changé?

Le temps et la réflexion finiront par faire justice de ces rêveries. Malheureusement l'Etatisme, sans aller jusqu'à ces extrémités, semble être le but — momentané — vers lequel tendent les esprits; tout y pousse : les protectionnistes d'une part, et, de l'autre, le parti qui s'intitule *radical-socialiste,* dut-il ne prendre à la doctrine dont il se réclame que ce qui lui paraîtra suffisant pour capter les suffrages de la majorité. La réaction contre les principes de liberté proclamés par la Révolution a été tellement intense et continue, pendant tout le dix-neuvième siècle, qu'il nous paraît malheureusement bien difficile d'y revenir pacifiquement; trop d'intérêts sont engagés dans cette réaction pour que le sacrifice puisse s'en faire bénévolement. Peut-être faudra-t-il faire la douloureuse et ruineuse expérience de l'Etatisme, avant que les peuples, enfin désabusés, rentrent dans la voie normale que les Constituants de 1789 leur avaient ouverte.

En tout cas, il est temps de nous arrêter dans la critique de l'Etatisme ; nous ne pourrions que reprendre contre lui les arguments que nous avons employés contre le Collectivisme, tant est grande l'analogie entre les deux systèmes. Il nous suffit de constater que tous deux, substituant à la volonté de l'homme l'intérêt, plus ou moins bien entendu, de ce qu'ils nomment la collectivité, s'opposent à ce qui fut visiblement son but constant depuis qu'il vit en société : le développement le plus complet possible de son individualité. Par cela même ils sont, ou absolument inapplicables, ou tout au moins incapables de durer si, par malheur, on en tentait l'application.

Les grandes entreprises, quoique nationalisées, devant, au dire des socialistes eux-mêmes, rester des organismes autonomes, seraient soumises aux mêmes lois naturelles que les entreprises actuelles : elles auraient à compter avec la concurrence, à tenir compte des besoins, c'est-à-dire de la demande ; elles supprimeraient des ouvriers, ou abaisseraient les salaires, quand la consommation diminuerait ; elles seraient exposées à faire faillite, quand elles seraient mal gérées ; et, dans ce cas, si, comme tant d'irréfléchis le demandent, elles avaient été remises entre les mains des syndicats, les ouvriers associés perdraient, non plus seulement leurs salaires, mais encore leur petit capital.

---

## CHAPITRE V

### LE CAPITAL

Puisque ce mot de *Capital* vient d'être prononcé, il semble nécessaire d'entrer dans quelques explications à son égard. Car, quoi qu'on en ait dit, sous quelque régime économique que ce soit, il faudra un capital, ou pour chaque entreprise en particulier, ou pour toutes les productions en général. Les collectivistes ne sont plus ces communistes ignorants qui voulaient se passer du capital; ils veulent le *nationaliser,* mais non le supprimer.

D'ailleurs, nous n'en sommes pas encore là. On ira pas à pas; avant de monopoliser toutes les industries au profit de l'Etat, on essaiera de les mettre, l'une après l'autre, aux mains des syndicats. Des expériences se feront sans doute, qui donneront à réfléchir aux plus éclairés et aux plus instruits du parti. Avant d'en venir à la nationalisation, on aura déjà compris que ni l'Etat ni les syndicats — ni personne — n'est en état de fabriquer et de trafiquer, sans être muni d'un capital suffisant.

De chute en chute, et d'erreur en erreur, on aura fini par découvrir la vérité. On reconnaîtra que la société actuelle s'est faite lentement, par le travail, et parce que le travail produisait du capital. On comprendra qu'elle est le produit de cette émulation constante, qui poussait tous les hommes à s'élever au-dessus les uns des autres. On verra enfin que, si le Collectivisme s'y était établi dès l'origine, l'émulation supprimée n'aurait fait éclore ni les sciences, ni les arts et l'industrie qui en sont le produit.

Qui sait même si ce ne sera pas un coup mortel pour ces systèmes si en faveur aujourd'hui, quand il sera bien démontré que leur application supprimerait précisément cette émulation si féconde et le capital auquel elle donne naissance? La Sogdiane, la Bactriane, la Mésopotamie n'ont-elles pas vu disparaître leur prospérité en même temps que le travail, créateur du capital?

L'agriculture, qui les avait enrichies, n'était fondée que sur les beaux travaux d'irrigation qui fertilisaient leur sol, et qui ne tardèrent pas à tomber en ruines, quand le sort des batailles eut implanté chez leurs populations le Communisme grossier des Mogols et le fatalisme inerte des Musulmans.

Mais, pour le moment, le capital est encore mal connu et mal apprécié. Combien son rôle, son origine, sa conservation, son utilité sont peu compris ! Non seulement l'Etatisme lui refuse la liberté, mais encore il risque de l'anéantir complètement. Le capital est une richesse accumulée ; comme toute richesse, il n'a de valeur que quand il se consomme ; par conséquent le capital ne peut se survivre à lui-même, qu'à la condition de se reconstituer en même temps qu'il se dépense. Dans une entreprise de production quelconque, le capital consiste en bâtiments, en machines, en matériaux, en salaires ; les bâtiments doivent être entretenus, les machines renouvelées, les matériaux remplacés, les salaires recouvrés en bénéfice sur la vente du produit.

Il suit de là que, dans toute entreprise commerciale ou industrielle, chaque coopérateur a son rôle spécial et essentiel. L'ouvrier a pour fonction la production, et il a droit à la rémunération de son travail ; l'entrepreneur est chargé de l'administration et de la conservation du capital, et, si sa part du profit est plus considérable parfois que celle de l'ouvrier, c'est que tous les risques de l'entreprise sont à sa charge, et qu'il fournit le salaire à l'ouvrier, même avant de savoir si l'opération en cours se soldera en perte ou en bénéfice.

Cependant, il faut reconnaître que l'ouvrier apporte également sa part de capital à l'entreprise : c'est sa force physique, sa vie même qu'il dépense dans le travail. Et, s'il est vrai que le capital-argent doive se reconstituer, dans l'intérêt général et sous peine d'appauvrissement du pays, on ne voit pas pourquoi le capital-force physique serait privé du même avantage. Tous deux ont des droits égaux, tous deux étant également nécessaires à la production, qui est le but essentiel de l'entreprise. C'est le point de départ des collectivistes, et en ceci ils ont raison.

Mais le capital-argent ne se reconstitue pas toujours; il se consomme sans retour quand l'entreprise est en perte ; il est juste que, dans ce cas, le capital-force éprouve le même sort ;

toutes les subtilités, et toutes les sentimentalités n'y peuvent rien. Dans le cas contraire, il ne faut pas oublier que le capital-argent ne se reconstitue que par l'épargne, par une privation quelconque ; la reconstitution du capital-force ne peut se faire que de la même façon, par les économies sur le salaire, permettant d'alimenter une assurance contre la maladie, les accidents et la vieillesse.

Et ainsi nous voilà, une fois de plus, amenés à constater que la justice la plus stricte impose aux gouvernements l'obligation de proportionner le poids de l'impôt aux ressources du contribuable, de favoriser la reconstitution du capital-force au même degré que celle du capital-argent, et, pour cela, de frapper la richesse acquise et de dégrever toutes les consommations.

Mais il y a un troisième coopérateur dont on ne tient le plus souvent nul compte, comme font les protectionnistes à l'égard du consommateur : c'est le rentier. Le rentier a pour fonction la création du capital : depuis le millionnaire qui ne peut parvenir à dépenser son revenu, jusqu'au modeste détaillant qui épargne sou à sou sur ses bénéfices, pour pouvoir vivre indépendant quand il ne pourra plus travailler, tous ceux qui réservent une somme quelconque sans la dépenser créent des capitaux Dans une entreprise qui réussit, le patron qui accumule ses bénéfices remplit la même fonction ; sans ces bénéfices, le capital général irait en diminuant, par la consommation des outils et des matières premières, ainsi que par le paiement anticipé des salaires ; le capital, plus rare, exigerait des intérêts plus élevés, et augmenterait, au détriment des acheteurs et des travailleurs, le prix des produits.

Aussi le but essentiel de tout travail, et son résultat nécessaire, c'est d'augmenter la valeur de l'objet transformé : d'un kilogramme de fer qui vaut vingt centimes, l'ouvrier fait une bêche qui vaut deux francs. Mais la valeur d'un objet est toute de convention, et ne peut se constater que par l'échange ou la vente de cet objet ; s'il vaut deux francs pour celui qui en a besoin, il ne vaut rien pour tout autre, sauf pour celui qui ne l'achète, à un prix inférieur, que pour le revendre à son prix courant. Une partie de cette augmentation de valeur est indispensable, comme nous venons de le dire, pour reconstituer le capital — fer, main-d'œuvre, charbon, location de l'atelier — qui s'est usé dans la transformation.

Donc produire uniquement pour consommer, c'est détruire le capital. Robinson, seul dans son île, n'avait pas besoin de capital, à ce qu'il semble à première vue; et pourtant il en consommait un — ses forces corporelles, qui sont après tout le seul capital de l'ouvrier — en l'employant à transformer la matière première gratuite qu'il trouvait : les peaux, le bois, les fruits sauvages. Une fois son capital épuisé, c'est-à-dire la faiblesse venue avec l'âge, il serait mort de froid et de faim.

Si même, au lieu d'y être seul, il eût eu autant de compagnons que l'île, cultivée avec soin, pouvait en nourrir, — si, par exemple, ils avaient été mille, dans une île de dix kilomètres carrés, ce qui est à peu près la densité de la population en Italie, — au bout de quelques dizaines d'années, le sol, épuisé faute d'engrais, eût perdu une partie de sa fertilité première, et la population, au lieu d'augmenter, aurait dû se restreindre. Supposez, au contraire, l'île abordable et mise en relation avec d'autres pays; au lieu de produire uniquement pour consommer, on peut produire des choses échangeables. La valeur des produits s'élève, à proportion de l'utilité dont ils sont à ceux qui en sont privés, les capitaux se forment et leur emploi judicieux peut entretenir, et même augmenter, la fertilité naturelle du terrain.

Les Etatistes, protectionnistes ou collectivistes, veulent placer leur pays dans une île inaccessible. *Une nation,* disent les uns, *doit pouvoir se suffire à elle-même;* donc elle produira uniquement pour consommer, et ne renouvellera pas son capital. D'autres, en forçant toujours, et de plus en plus, la part de la main-d'œuvre dans la répartition des produits, arrivent au même résultat, en obligeant leur pays à produire plus coûteusement que les autres. Tous enfin tendent nécessairement à supprimer la concurrence, c'est-à-dire la lutte, l'effort, tout ce qui a fait la puissance de l'homme et la grandeur de la société, tous ces mobiles excitants auxquels obéit inconsciemment le prolétaire quand, par le travail, l'économie et la sobriété, il s'affranchit et se moralise.

En admettant la nature de l'homme, tel que nous avons essayé de le définir dans la première partie de cette Etude, c'est-à-dire jaloux de se maintenir l'égal, sinon le supérieur de ses semblables, afin de garantir l'expansion de ses facultés, de son *moi,* on comprend les efforts qu'il a faits, depuis qu'il vit en société, pour se faire une situation indépendante. Le cultivateur a cherché à s'assurer la possession de la terre; l'ouvrier a tâché de devenir patron; le prolétaire a demandé, à tel ou tel petit commerce, les modestes bénéfices nécessaires pour s'assurer le pain de sa vieillesse. C'est ce que comprennent les socialistes, quand ils prétendent respecter les droits du travailleur autonome, et même le garantir contre les envahissements des grandes entreprises, fondées avec de gros capitaux, et qui lui font, en effet, une concurrence ruineuse.

Mais ce qu'ils ne veulent pas voir, c'est que la plupart de ces grandes usines, confections, mines, etc., etc., sont alimentées par des capitaux divisés en petites coupures, accessibles à toutes les bourses, et qui souvent se trouvent entre les mains de prolétaires, devenus rentiers par leur économie. Supposons ces entreprises *nationalisées,* c'est-à-dire dévolues à l'Etat, où ces petites gens placeraient-ils leurs économies? L'Etat n'aura pas de dette, puisqu'il ne pourrait plus en payer les intérêts; car enfin l'impôt devra disparaître, faute de matière imposable, quand la grosse propriété appartiendra à l'Etat, et que la plupart des objets de consommation seront produits et vendus par lui; les grandes entreprises, aujourd'hui en actions, seront devenues nationales; la banque également; le commerce, qu'en restera-t-il aux mains des particuliers ?

Mais, d'ailleurs, qui est-ce qui fera des économies? Il faut travailler, vendre, gagner de l'argent, pour faire des économies. Or, on nous dit bien que la petite propriété, le petit commerce et la petite industrie seront conservés — provisoirement d'ailleurs, car on reconnaît en même temps qu'ils devront finir par disparaître entièrement; et en effet, puisqu'aujourd'hui on les déclare menacés par les grands monopoles, que sera-ce quand tous les monopoles seront entre les mains de l'Etat ? Qui est-ce qui pourra lutter contre cette puissance disposant des finances de toute une nation? Un monopoleur isolé peut craindre de se ruiner; l'Etat n'a pas cette crainte. Les grands magasins eux-mêmes sont obligés de vendre au-dessus du prix de revient; dans un intérêt politique — électoral par exemple — l'Etat peut vendre à perte, puisque c'est tout le monde qui perdra.

C'est là-dessus qu'il faut insister. Il faut qu'on le sache, consciomment ou non, l'Etatisme détruira cette classe moyenne qui fait la force, la richesse, la moralité des nations modernes. Grâce à lui, on n'aura plus sous les yeux ce réconfortant spectacle du prolétaire qu'un travail acharné, une sobriété soutenue, une économie passionnée amènent, petit à petit, à la propriété ou au patronat. Ce travail continu des siècles qui dure depuis plus de mille ans, qui substitue lentement le manouvrier des champs, l'ouvrier d'état des villes, au serf et à l'esclave, s'arrêtera bientôt, ou, pour parler plus juste, rétrogradera. Il n'y aura plus de vraiment libres que ceux qui gouverneront ce troupeau de découragés, à qui ils auront la charge de mesurer les heures et la nature du travail, la quantité et la qualité des consommations.

Et comme, quoi qu'on fasse, on ne parviendra jamais à changer la nature de l'homme ; comme il aura toujours le désir d'égaler, sinon de dominer ses semblables, l'anarchie la plus complète ne tardera pas à s'établir dans cette prétendue société idéale. En effet, sous le règne de l'Individualisme, l'homme a cent façons de se distinguer, de s'élever au-dessus du niveau moyen : la science pure, les inventions mécaniques, la littérature, les beaux-arts peuvent lui valoir la gloire et la richesse, parce qu'il trouve des oisifs et des capitalistes pour admirer et rémunérer son travail. En régime collectiviste, il n'y aura qu'un moyen de s'élever, ce sera de renverser ceux qui gouvernent, pour se mettre à leur place. Aussi les révolutions y seront en permanence, et, ce qui est plus grave encore, ces hommes, élevés ou renversés par le souffle populaire, seront seuls chargés de régler, pour toute une nation, la production, la répartition et la consommation des richesses !

Il est même bien singulier que les Etatistes de toutes nuances, sans doute à bout d'arguments, en soient venus à faire un rapprochement entre l'Individualisme et l'Anarchie, affirmant que l'un nous conduirait à l'autre. Car si l'anarchie, comme le démontrent à la fois et son étymologie et ses doctrines, est une révolte contre toute loi et tout gouvernement, ses adeptes devront être bien moins nombreux et bien moins ardents sous l'Individualisme, qui tend à réduire au minimum les fonctions et l'autorité de l'Etat, que sous l'Etatisme, ou toute autre forme du Collectivisme, dont le but avoué est de mettre entre les mains de l'Etat la fortune publique, et de lui faire régler, jusque dans les moindres détails, le travail, les plaisirs, les goûts et les consommations de chacun.

Mais, en réalité, toutes ces extrémités ne sont pas à craindre. Rien de solide et de durable ne peut plus désormais s'établir sans l'assentiment du suffrage universel. Et, si nous avons bien compris le naturel individualiste de l'homme, si nous ne nous sommes pas trompé en proclamant qu'il tend, chaque jour de plus en plus, à s'affranchir, à se grandir, à ne devoir rien qu'à lui-même, jamais notre énergique majorité de petits propriétaires, artisans, vignerons, jardiniers et autres, n'abdiquera ses droits, et ses espérances en une vie plus complète, due au travail et à la liberté.

Ou même si, quelque jour, l'ignorance générale, aidée de la complicité combinée des collectivistes, des étatistes et des protectionnistes, jetait la société humaine dans le Communisme, plus ou moins déguisé, que comportent ces divers systèmes d'organisation sociale, soyez persuadé qu'une réaction, lente mais sûre, finirait par ramener les hommes à leur vraie nature, au désir de ne relever que d'eux-mêmes, de ne devoir qu'à leur valeur personnelle la libre disposition de leur sort. Alors on verra, par un moyen quelconque, impossible à préciser à l'avance, mais que leur légitime orgueil d'êtres pensants et pourvus de volonté saura bien découvrir, les plus résolus, les plus courageux, les plus intelligents, les plus fiers, protester contre l'asservissement universel, se créer des situations indépendantes, et donner à la masse, avide de liberté et d'égalité, l'exemple, bientôt suivi, du progrès de plus en plus rapide par la multiplication des *Individus*.

Ils sauront, par quelque moyen inattendu, sortir de cette association de moines laïques que sera devenue la société, se créer un petit capital personnel, répondre à un besoin que l'inepte gouvernement n'aura pas prévu, inventer, perfectionner quelque produit indispensable, et montrer une fois de plus, et cette fois pour toujours, l'incontestable supériorité des forces individuelles, évoluant librement, sur une administration sans responsabilité, s'arrogeant le droit et le pouvoir de prévoir et de satisfaire les besoins, les goûts, les caprices même, de toute une nation civilisée.

# CHAPITRE VI

## LE MUTUALISME

Proudhon a nommé *Mutuellisme* une conception d'échanges universels, dans laquelle il avait essayé de donner une forme pratique aux vagues idées de Communisme qui régnaient de son temps. Nous ne trouvons pas mieux qu'un mot à peu près semblable, celui de *Mutualisme,* pour exprimer une idée toute différente, quelque chose comme une conciliation entre l'Individualisme et le Collectivisme.

Nous avons vu, d'une part, que l'Individualisme, poussé à l'excès, pourrait dériver jusqu'à l'Egoïsme, sentiment naturel à la vérité, mais incompatible avec la vie de l'homme en société ; de l'autre, en étudiant les rapports de l'individu avec l'Etat, que l'Etat, encore menaçant pour les droits de l'individu isolé, capitulait pourtant déjà devant les associations.

Ce que nous appellerons le Mutualisme réprimerait l'égoïsme natif de l'homme, et, en même temps, augmenterait ses chances de succès dans sa lutte contre l'omnipotence de l'Etat. Ce serait l'introduction d'un peu de Collectivisme dans l'état social, à dose modérée, et en y intéressant le plus grand nombre possible d'individus. Nous avons déjà vu, dans un chapitre précédent, qu'on atteindrait ce but par des organismes cantonaux, et même communaux, substitués à l'Etat centralisé, faciles à contrôler de près, et exigeant le concours d'un très grand nombre de coopérateurs.

L'Individualisme pur amènerait la dissolution de toute société, l'homme se désintéressant de ses devoirs vis-à-vis de ses semblables, et ne s'occupant que de ses propres satisfactions. L'Etatisme et le Collectivisme, supprimant toute initiative individuelle, entraveraient le développement normal de l'homme, que sa nature incite à une expansion complète de toutes ses facultés. Il faut un système qui réunisse leurs avantages en supprimant leurs dangers, et c'est ce système que nous appellerons le Mutualisme.

Dans ce système, l'homme conserverait la libre direction de ses efforts, sauf à les combiner, volontairement et dans un but défini, à ceux de quelques-uns de ses semblables, toutes les fois que, seul, il risquerait de ne pas arriver, ou d'arriver moins sûrement et moins vite, au résultat cherché. Pour cela, il n'est pas besoin de forcer ou de fausser sa nature, ni d'altérer les conditions de la société humaine. En effet, il l'a fait de lui-même et de tout temps; c'est le moyen qu'il a employé pour se soustraire à l'autoritarisme de la royauté, de la féodalité et de l'église, quand il a créé les corporations, les corps d'état, les communes; et, ce qui est plus caractéristique encore, il l'a de plus en plus employé, depuis un siècle, au fur et à mesure qu'il devenait de plus en plus maître de ses actions.

Selon les peuples et les régions, ces associations ont poursuivi des buts différents, revêtu des formes particulières; mais elles avaient toujours ce caractère spécial, d'être volontaires et non obligatoires, et de n'engager ou retenir personne malgré lui. En Angleterre, sous le nom de

*Trade-Unions,* elles ont visé tout d'abord la consommation à bon marché et au comptant, source assurée d'épargne. En Allemagne, les Caisses de prêt, ou *Banques populaires,* ont montré le spectacle de prolétaires se solidarisant ensemble pour obtenir le crédit, qu'isolés ils se seraient vu refuser. Plus ambitieux, ou plus ignorants peut-être, les ouvriers français, à partir de 1848, ont fondé des *Associations coopératives de production,* par le moyen desquelles ils espéraient s'affranchir des capitalistes et des patrons.

Bien peu de ces dernières associations ont survécu. En tout cas, elles ne sauraient rivaliser avec les grandes usines mécaniquement outillées. Ce n'est que dans la petite industrie qu'elles pourront réussir, et seulement encore quand les ouvriers auront acquis les connaissances pratiques nécessaires, pour gérer commercialement une entreprise. Elles ne doivent pourtant pas être définitivement condamnées, car elles offrent le moyen le plus direct et le plus simple, pour l'ouvrier, de conquérir son indépendance.

Qui sait d'ailleurs ce que sera l'avenir de l'industrie dans la vieille Europe? Plus les machines se perfectionnent, moins l'intelligence et l'ingéniosité deviennent nécessaires à l'ouvrier. D'autre part, plus l'ouvrier s'éclaire et s'affine, et plus il recherche une besogne artistique et un salaire élevé. Dans ces conditions, il serait naturel de transporter les industries mécaniques dans les pays qui produisent les matières premières, tandis que ces matières, devenues moins encombrantes, et d'un transport moins coûteux, viendraient se faire transformer en objets de luxe, dans les pays de vieille civilisation. Ce serait peut-être un des meilleurs résultats de la liberté commerciale (1).

Mais, en attendant, la coopération, sous d'autres formes, commence déjà à rendre de réels services. Les Sociétés de consommation, de secours mutuels, de retraites pour la vieillesse se multiplient chaque jour, et, en outre des améliorations qu'elles apportent au sort du prolétaire, l'accoutument déjà à économiser, à régler ses dépenses, à gérer les finances communes, à se familiariser avec les difficultés et les devoirs d'une administration.

Les patrons eux-mêmes prennent part à ce

(1) Voir *La République utile*, p. 170 (Paris, Fischbacher).

mouvement. Ils fondent spontanément des Sociétés coopératives entre leurs ouvriers, les associent à leurs bénéfices quand cela est possible, et vont même parfois jusqu'à leur fournir les moyens de devenir propriétaires et chefs d'atelier à leur tour (1).

Sans aller aussi loin, le commerce et l'industrie ont, depuis longtemps déjà, adopté, pour favoriser leurs rapides développements, une forme sensiblement mutualiste. Telle est la Société anonyme, si répandue aujourd'hui, dont le capital est divisé en petites coupures, accessibles aux bourses les plus modestes. Les entreprises, de plus en plus considérables, ne pourront bientôt plus se constituer autrement. A coup sûr elles ne sont pas la perfection même; elles cachent parfois des pièges où tombent des capitaux trop confiants, et nos législateurs se préoccupent de leur imposer des règles protectrices de l'épargne. C'est l'éternelle et déplorable erreur. Le jour où on aura enfin compris les bienfaits de la liberté, les Sociétés anonymes se moraliseront et se perfectionneront toutes seules.

---

(1) Voir *La République utile*, p. 43 (Paris, Fischbacher).

Leurs fondateurs et leurs administrateurs, pour inspirer la confiance dont ils auront besoin, sauront bien, à l'envi les uns des autres, trouver et faire connaître au public les garanties les plus satisfaisantes.

Appliquées à l'industrie, ces Sociétés anonymes n'ont cependant pas été irréprochables. Elles ont fait disparaître le patron, ou l'ont transformé en un être de raison, insaisissable, et avec lequel on ne peut discuter ou transiger. Le véritable patron, dans ce cas, c'est l'ensemble des actionnaires, représentés par un directeur qui peut n'avoir pas sa liberté d'action complète, qui, en tout cas, est nommé par eux, et leur est d'autant plus agréable qu'il réussit mieux à augmenter leurs dividendes. Cet isolement du patron et de l'ouvrier, ce manque de solidarité entre eux est certainement pour quelque chose dans les malentendus, les coalitions, les grèves qui augmentent de plus en plus l'importance et l'acuité de la *Question sociale.*

D'un autre côté, ces Sociétés anonymes ont démocratisé le capital. Au moment où la science, par les applications de la vapeur et les perfectionnements de la mécanique, supprimait un certain nombre de petits ateliers, une ressource nouvelle s'offrait ainsi aux modestes fortunes, dont l'union, on l'a bien vu, a procuré les milliards nécessaires pour les énormes entreprises de transport, de crédit et de fabrication qui sont sorties de cette surprenante révolution économique.

Mais ce n'est là qu'un début. Le Mutualisme n'éteint pas, comme l'Etatisme, les initiatives individuelles ; il les discipline, les réunit en petits groupes poursuivant un but identique, et au sein desquels une heureuse rivalité développe, au profit de l'association, les qualités particulières de chacun des associés. Ces groupes sont les syndicats, qu'une loi récente a autorisés, et qui se sont aussitôt formés avec un entrain qui est, à lui seul, la condamnation des gouvernements centralisateurs et monopoleurs que le pays a subis depuis cent ans.

Ce n'est certainement pas tout ce que le Mutualisme fera pour améliorer le sort des prolétaires. Une fois entrée dans cette voie, la population ne s'arrêtera plus, surtout grâce à la diffusion de l'instruction, qui lui fera de mieux en mieux comprendre ses véritables intérêts, si les principes de liberté prennent enfin le dessus sur les tendances contraires, que nous avons maintes fois signalées. Déjà, aujourd'hui, les différentes formes de coopération suffiraient presque à assurer le sort de bien des prolétaires, et cela sans rien demander à personne sous quelque forme que ce soit, c'est-à-dire par le libre effort de l'individu lui-même.

Supposez un jeune ouvrier, déjà marié et père de famille, quoiqu'il n'ait guère que trente ans — ce qui est fort heureux pour lui ; les mariages précoces sont presque toujours de sûrs garants de moralité et de bonne santé. Son premier soin a été d'affilier toute sa famille, lui compris, à une Société de secours mutuels ; il lui en coûtera peut-être trente à quarante francs par an, mais il économisera tous les frais de maladie, si imprévus et si considérables, hormis pour ceux qui ne se considèrent pas comme obligés de payer le médecin qui les a guéris.

Si la chance veut qu'il existe, dans sa localité, une Coopérative de consommation, il se hâte d'y entrer. Il lui a fallu faire, pour cela, une économie d'une cinquantaine de francs, prix assez ordinaire d'une action de ce genre ; mais ce sera de l'argent bien placé, et d'ailleurs, le fait d'avoir su économiser dénote chez lui d'heureuses habitudes, et peut passer pour un bon présage en sa faveur. Rien que sur le pain, la Coopérative peut facilement lui faire gagner une soixantaine de francs par an; et, si elle est organisée, comme plusieurs le sont, pour fournir le charbon, l'épicerie, la viande, et même les vêtements et les meubles, il n'est pas exagéré de supposer que l'économie sera double.

Cela lui fait cent vingt francs par an. Quel usage faire de cette petite somme? Une Société d'habitations à bon marché va lui en trouver l'emploi. Le fait seul de l'avoir économisée inspirera confiance aux administrateurs, qui mettront à sa disposition des fonds pour se faire construire une petite maison, entourée d'un jardin, ou même la maison toute construite. Le tout, maison et jardin, peut coûter de trois à six mille francs, selon le pays, selon le prix du terrain, des matériaux et de la main-d'œuvre. En prenant une moyenne, on aurait quatre mille cinq cents francs. S'il consent à en payer l'intérêt à 7 °/₀, amortissement compris, au bout de quinze à dix-huit ans il sera propriétaire de son habitation.

Il est vrai qu'il lui faudra payer un loyer de 310 fr. par an, notablement plus considérable que celui qu'on lui demande pour son petit appartement au sixième, au fond d'une cour, et dans un faubourg. Bien entendu, il est question d'une ville de province ; à Paris, les logements, en général, coûtent plus cher; mais aussi les salaires sont plus élevés. L'ouvrier dont nous parlons pourrait ne gagner que quatre francs par jour, ce qui est également une moyenne dans le pays où nous le supposons.

Malgré tout, 310 francs de location sont une lourde charge. Mais il n'a pas à compter avec la maladie, et il fait cent vingt francs d'économies annuelles sur ses consommations. De plus, son jardin va lui en faire faire une autre, peut-être égale ; non pas seulement parce qu'il lui fournira la plus grande partie des légumes dont il aura besoin, quoique cela puisse déjà se chiffrer; mais ce jardin, nous comptons bien qu'il va le cultiver lui-même; il y consacrera les dimanches et les jours de fête, ses matinées et ses soirées en été; il ne tardera pas à y prendre le goût que tous les hommes prennent à un travail sain, fortifiant et productif. Autant de gouttes, autant de chopines et de pipes de moins, sans compter les cartes et le billard ; tout compte fait, on voit que son loyer ne lui reviendra même pas aussi cher qu'auparavant.

Enfin, les quinze ans d'attente sont écoulés, et voilà notre ouvrier propriétaire. A partir de ce moment, il a 310 francs de revenu annuel de plus. S'il a commencé un peu tard, à trente ans par exemple, cela arrive bien à point ; car, à quarante-cinq ans, sans précisément ressentir les atteintes de l'âge, ses forces et ses sens peuvent avoir légèrement faibli. Mais, d'un autre côté, les enfants ont grandi ; l'aînée, si c'est une fille, peut déjà être placée, mariée même ; si c'est un garçon, il gagne sa vie et apporte son contingent à la dépense commune ; s'il y en a d'autres, ils vont successivement arriver à cet âge où ils diminuent, au lieu de les augmenter, les charges de la famille.

Eh bien ! puisque l'on vivait sans ces 310 fr., on pourrait continuer à s'en passer. C'est une tentation bien naturelle, il est vrai, de se donner un peu d'aisance après une si longue privation ; mais on n'a pas été économe et réfléchi pendant quinze ans, sans qu'il en reste quelque chose dans l'esprit et dans les habitudes ; on peut travailler encore dix ans, et si, pendant ces dix ans, on a le courage de continuer à mettre de côté le montant du loyer, comme on le faisait pour devenir propriétaire, on aura sa maison, son jardin, et un capital de quelques milliers de francs à cinquante-cinq ans, c'est-à-dire précisément à l'âge où la vieillesse commence, où généralement les salaires diminuent, comme l'habileté, où souvent même on est obligé de chercher une occupation banale et moins rémunératrice.

Ce n'est pas là un roman. Chacun connaît un, ou plusieurs ouvriers dans ce cas, ou dans un cas semblable, plus méritoire même parfois, car les facilités pour économiser n'ont pas toujours été les mêmes : les Sociétés de secours mutuels, ou coopératives, n'ont pas existé de tout temps et partout. Mais partout et de tout temps, au contraire, les impôts indirects, ceux qui frappent la consommation, et, par suite, sont plus onéreux pour le pauvre que pour le riche, ont été préférés par les législateurs : Ce sont les meilleurs, parce qu'on ne les sent pas, disaient-ils, avec une sincérité qui ressemblait singulièrement à de l'impudence.

En général, les socialistes-collectivistes accueillent avec dédain ces modestes réformes. D'abord, elles risquent de diminuer leur clientèle, en donnant satisfaction à la partie la plus sage et la plus courageuse du prolétariat. Ensuite, elles sont loin de réaliser les promesses de bien-être universel, dont ils se leurrent les uns les autres. Et, en effet, il faut bien reconnaître qu'elles ne semblent pas devoir suffire à faire disparaître la misère, et à parer à tous les accidents imprévus qui menacent le travailleur, même sobre et économe.

Mais, nous l'avons déjà dit plus haut, la société ne peut, ni ne doit, garantir le bonheur parfait à tous ses membres. Si l'homme avait renoncé, pour se mettre en société, à une situation heureuse et assurée, ou s'il lui était possible de la trouver dans l'isolement absolu, sans l'aide et le concours de ses semblables, il aurait, en effet, le droit de se révolter contre une société qui le ferait plus malheureux qu'il ne l'était, ou ne le serait dans l'état sauvage. Mais si, par fortune, un sauvage, sur mille peut-être, peut échapper aux dangers de toute sorte qui le menacent, c'est dans la proportion contraire que se comptent ceux que l'association a mis à l'abri de ces dangers. Et même, la plupart de ceux qui se plaignent aujourd'hui de leur sort, pour qui le travail est rare, et le pain de chaque jour amer et difficile à trouver, sont encore moins malheureux que le sauvage nu, faible et seul, dont la vie est chaque jour menacée par la faim, les intempéries et les bêtes de proie.

Ainsi la société n'a pas failli à ses promesses, et aucun de ses membres n'a rien à lui réclamer, sauf la liberté d'améliorer lui-même sa destinée, et, pour cela, pour qu'il n'ait pas le droit de se retourner contre elle, et de la rendre responsable de son bonheur manqué et de ses efforts rendus inutiles, l'abrogation des lois qui en entravent le libre essor (1).

En second lieu, si le Mutualisme n'offre pas les moyens de guérir tous les maux et toutes les imperfections de la société actuelle, le peu de bien qu'il peut faire a ce caractère spécial d'être réalisé par l'effort individuel, de ne rien demander aux autres, et d'exiger de chacun de nous, pour l'obtenir, des vertus qui sont à la portée de tous, et nous rendent meilleurs, sans altérer notre nature primitive : le courage, l'économie, la sobriété. Il stimule la volonté de l'homme, cette volonté qui est son attribut particulier, qui l'a sorti de son état primitif, qui lui a permis d'accomplir déjà tant de progrès ; tandis que le

(1) Voir *La République utile*, p. 71. (Paris, Fischbacher).

Collectivisme, le Protectionnisme et l'Etatisme ne lui font entrevoir que la béatitude passive de l'esclave antique, dispensé de pourvoir lui-même à sa nourriture et à son logement, de trouver à son travail des perfectionnements utiles, et à ses produits un écoulement avantageux.

Or, s'il est vrai, comme le disent, et le prouvent, les physiologistes, qu'un organe se fortifie à raison du travail qu'il exécute, cette faculté maîtressse de l'homme, la *volonté,* doit s'accroître, de génération en génération, chez un peuple qui l'exerce sans relâche. Il semble bien que le peuple des Etats-Unis d'Amérique donne la démonstration de cette proposition. D'où il suit que, chercher son bonheur soi-même, par les moyens pénibles qu'offre le Mutualisme, doit développer chez nous, et même chez nos héritiers, bien mieux que le très hypothétique bien-être que le Collectivisme nous promet, les qualités fondamentales qui ont fait l'homme maître de la nature : l'énergie, la décision, le jugement.

Enfin — et nous l'avons déjà fait pressentir — ce n'est là qu'un commencement. La loi de 1884, votée sous la pression de l'opinion publique, qui s'indignait de voir le droit imprescriptible de réunion encore dénié aux citoyens d'une République, a donné naissance à quelques centaines de syndicats professionnels, dont le nombre s'accroît chaque jour, et qui ne tarderont pas à entrer dans un domaine absolument pratique. Déjà ceux qui se forment entre cultivateurs, pour l'achat des semences, engrais et instruments, rendent de véritables services à leurs membres; si quelques-uns de ceux qu'ont formés les ouvriers d'industrie se sont égarés dans la politique, l'expérience acquise et le bon sens populaire finiront par les ramener à leur vraie destination.

C'est là qu'est l'avenir. C'est là qu'est la solution de la Question sociale. Dans un syndicat, on entre volontairement, et on en peut sortir dès qu'on le veut; on y conserve son indépendance absolue, et cependant on profite d'un effort commun; le syndicat obtient un crédit, ou des réductions de prix, qu'isolé chacun de ses membres n'obtiendrait pas; il agit auprès des pouvoirs publics avec une autorité plus grande, émet des avis qui sont mieux écoutés, peut soutenir un procès dont les dépenses ruineraient un particulier.

Tous les ouvriers d'un même corps d'état, et

habitants d'une même région, réunis en syndicat, peuvent traiter de gré à gré avec un fabricant, un entrepreneur. La grève est devenue inutile pour établir les salaires à leur taux normal. Tout-puissant en face d'un ouvrier isolé, le patron traite d'égal à égal avec un semblable syndicat. Si le patron manque de parole à un ouvrier, ou lui refuse une indemnité pour infirmité contractée à son service, le procès que l'ouvrier ne saurait faire, le syndicat le soutient aisément. Par contre, après un ouvrage mal exécuté, ou abandonné avant son achèvement, le patron, impuissant devant l'ouvrier isolé, trouve un répondant solvable dans le syndicat. Ajoutons que le syndicat, ainsi responsable de chacun de ses membres, développe en eux l'esprit de solidarité, exerce sur tous une surveillance utile, et, par la force même des choses, tend à les rendre plus travailleurs, plus exacts, plus probes, et même plus intelligents, plus réfléchis et plus habiles.

C'est un peu du Collectivisme. Mais du Collectivisme dilué, du Collectivisme de détail, qui n'anéantit pas l'*Individu,* mais qui le grandit et le fortifie plutôt ; et qui même le fait naître, puisque tel qui serait demeuré dans l'impuissance, dans la pauvreté, dans la dépendance, acquiert, à l'abri du syndicat, le crédit, l'aisance et la considération qui l'accompagne. C'est bien l'heureux mélange d'Individualisme et de Collectivisme que nous avons vu, en commençant ce chapitre, que le Mutualisme devait être.

D'acheteur, le syndicat peut devenir vendeur; et c'est la réalisation d'un nouveau progrès. Ce ne sera, du reste, que l'extension d'une mesure qui s'applique déjà en certains cas. C'est, par exemple, ce que font les *Fruitières* du Jura, qui sont des syndicats de producteurs de lait, associés pour fabriquer et vendre des fromages. La vente en gros est plus rémunératrice, en ce sens que le client peut n'avoir affaire qu'à un producteur, au lieu de plusieurs, ce qui rend les transactions plus sûres et moins coûteuses. Tous les produits de la terre seraient vendus plus avantageusement par un syndicat que par chacun des cultivateurs d'une région; ce serait même le moyen de se passer de l'intermédiaire, cette bête noire des protectionnistes et des collectivistes.

Il est vrai que, si l'intermédiaire est un mal, il faut cependant le reconnaître, dans certaines circonstances c'est un mal nécessaire. Que la vente en gros soit plus avantageuse au consommateur, c'est possible; mais tous les consommateurs ne sont pas en état d'acheter en gros. D'ailleurs le temps vaut de l'argent, principalement pour l'ouvrier, et il trouve son compte à payer un peu plus cher la marchandise qu'il trouve sous sa main, au lieu d'être obligé d'aller la chercher au loin. Il n'en est pas moins vrai cependant que, dans bien des circonstances, supprimer l'intermédiaire peut réaliser un profit, qui, naturellement, se partage entre le producteur et le consommateur.

La vente par les syndicats pourra encore servir à régulariser les transactions, en empêchant les excédents et les disettes, qui font subitement osciller les prix au détriment de tous. Les Américains — toujours les Américains ! — nous en peuvent donner un exemple. Les producteurs de fruits de la Californie se sont syndiqués; ils s'entendent pour se partager les marchés des grandes villes, de façon à éviter, d'un côté, les encombrements, et, de l'autre, les manques de marchandises, excès désastreux, surtout pour les produits qui ne se conservent pas. De cette façon, les marchés sont régulièrement approvisionnés, et les cours normaux maintenus, au plus grand avantage des producteurs, et sans aucun dommage pour les consommateurs.

En effet, ce n'est pas là une manœuvre coupable, une coalition, un accaparement. On ne met pas en interdit un marché, pour y faire monter les prix de vente; si on détermine les marchés sur lesquels tel ou tel vendeur se portera, c'est d'un accord commun; chacun peut y porter ce qu'il veut, et en telle quantité qu'il le veut; deux ou plusieurs vendeurs s'y présenteront en concurrence, si le marché a été jugé assez fort pour cela. On pourra dire, par exemple, que c'est du Collectivisme; soit! Mais c'est du Collectivisme volontaire. C'est ce que nous appelons du Mutualisme.

Ainsi entendu, le Mutualisme favorise l'effort individuel, au lieu de le paralyser. Peut-être un temps viendra où chacun sera assez fort, dans la société, pour se tirer d'affaire seul et sans aide; c'est le but vers lequel l'humanité semble avoir toujours marché, et il est sage que toutes les institutions sociales soient conçues dans ce sens. Mais elle est encore bien loin de l'avoir atteint, et c'est pour cela, précisément, qu'il convient que les hommes s'unissent pour l'atteindre plus aisément et plus tôt. Mais, encore une fois, ce n'est pas la loi qui doit créer les unions, c'est la libre volonté des intéressés, afin que, l'union dissoute et le but atteint, aucun d'eux n'ait perdu l'habitude de se diriger lui-même et de disposer, comme il l'entend, de ses forces physiques et de son intelligence.

La seule chose que la loi puisse faire, c'est de ne pas empêcher ces groupements volontaires ; c'est, par exemple, de ne pas se substituer ou substituer l'Etat, en tout et partout, aux Individus ; de ne pas influer, par des droits de douane, sur le prix de revient des produits ; de ne pas faire décider, dans les bureaux d'un ministère unique, les travaux qui peuvent être utiles à toutes les régions du pays ; de ne pas choisir arbitrairement des circonscriptions administratives, trop grandes ou trop petites pour que des syndicats puissent s'y former utilement entre producteurs, ou entre consommateurs de chaque circonscription.

Le canton, nous l'avons déjà dit, semble tout indiqué. Supposons-le autonome, et devenu le siège d'un syndicat agricole ; ce syndicat fournit des bestiaux, des semences, des instruments, des engrais à bon compte à chaque cultivateur ; il place avantageusement les produits de la région, par exemple à des Sociétés coopératives de consommation ; il crée des assurances mutuelles économiques, et réalise très facilement ce Crédit agricole, depuis si longtemps réclamé, ne fût-ce qu'avec les fonds d'une Caisse d'épargne libre, comme en Italie.

Ce syndicat cantonal rendrait même possible une conception, collectiviste dans son principe, mais dont les effets seraient des plus heureux, On demande, on propose, on étudie l'établissement d'une Caisse des retraites nationale pour les vieux ouvriers : obligatoire, elle revêt un caractère impraticable et arbitraire ; volontaire, l'exemple de celle qu'a fondée l'Empire démontre qu'elle reste inefficace. C'est que, pour qu'elle réussisse, il faut : 1° que le plus grand nombre possible des habitants, riches et pauvres, l'alimentent de leurs cotisations ; 2° que les ouvriers, souscripteurs eux-mêmes, aient un droit réel à la pension de retraite, au lieu de la recevoir comme une aumône ; 3° qu'une solidarité véritable s'établisse entre les souscripteurs, les excite et les retienne, en vue d'un but palpable, bien défini, mais assez proche aussi pour qu'ils en apprécient aisément les résultats. Impossibles à réunir dans une nation tout entière, probablement même dans un département ou un arrondissement, ces conditions se trouveraient tout naturellement réalisées dans un canton, surtout si la plupart des habitants étaient déjà solidarisés entre eux, par un ou plusieurs syndicats professionnels. Ce serait là encore du Collectivisme volontaire, décentralisé, non destructeur de l'*Individu,* c'est-à-dire du Mutualisme.

Et, comme toutes les choses de ce monde s'équilibrent d'autant mieux que la main de l'homme se fait moins sentir dans leur évolution, cette amélioration, créée pour et dans le milieu rural, s'étendrait jusque parmi les populations industrielles. Sentant sa situation économique améliorée, le paysan resterait aux champs, et cesserait d'aller grossir l'armée des sans-travail autour des usines. Par une répercussion logique, l'offre des bras diminuant dans l'industrie, les salaires deviendraient plus stables, et même augmenteraient jusqu'à la limite précise où la production cesserait d'être rémunératrice. Et, cette condition capitale venant se joindre à celles que nous avons énumérées plus haut — secours mutuels, coopération, habitations ouvrières, caisse de retraites, suppression des octrois et des impôts de consommation — une amélioration notable se produirait dans la vie des prolétaires, non égale sans doute aux promesses fallacieuses dont on les berne trop souvent, mais suffisante pour contenter les esprits courageux et fiers, qui n'ont jamais voulu demander qu'au travail une existence modeste, mais assurée.

---

# CHAPITRE VII

## LA LIBERTÉ

Cette laborieuse, quoique bien incomplète Etude, nous a conduits à voir dans le *Mutualisme* une étape nécessaire, avant d'arriver au complet développement de l'Individualisme, but idéal de la société. Il faut en effet, pour la pratique de l'Individualisme pur, des hommes instruits, par une longue pratique, à tenir compte des besoins et des droits les uns des autres; l'instruction, même la plus largement répandue, nécessitera encore la succession de plusieurs générations, avant d'avoir fait pénétrer dans les idées, dans les mœurs, dans les habitudes, une conception aussi radicalement opposée à celle qu'une longue suite de siècles, écoulés sous la monarchie, a imposée à nos aïeux, et qu'ils nous ont fatalement léguée à nous-mêmes.

Mais, en même temps, il ressort de tout ce que nous avons vu que le Mutualisme exige, et implique la liberté. Par cela même qu'il n'est qu'un terme moyen, dont l'application conduira à l'Individualisme, la liberté est indispensable à son développement, puisque l'Individualisme n'est que l'expansion complète de toutes les libertés. L'*Individu,* tel que nous l'avons conçu et expliqué, c'est l'homme le plus libre qui soit, parvenu à la pleine expansion de son *moi,* ne connaissant d'autres bornes à ses satisfactions que les satisfactions, non moins légitimes, de ses semblables.

Le malheur est que ceux qui s'intitulent *hommes de gouvernement* ont peur de la liberté ; ils la connaissent bien mal, car c'est elle au contraire qui résoudrait, sans effort étranger et tout naturellement, les difficultés qu'ils redoutent. Ne l'ont-ils pas déjà vu dans l'évolution toute récente de la presse ? Quand la presse était soumise à une réglementation toute pleine de défiances, de restrictions et souvent d'arbitraire, les journaux étaient peu nombreux, et d'autant plus influents ; chacun représentait une opinion, un groupe, un parti plutôt; il donnait un mot d'ordre qui était aveuglément suivi par tous les adhérents du parti; un journal, à Paris, sous l'Empire, faisait les élections.

Aujourd'hui que la liberté les a multipliés à l'infini; que chaque électeur en lit souvent plusieurs; que la concurrence les a réduits à chercher le succès dans les informations plus ou moins sûres, dans les scandales même; que les démentis, les contradictions, les fausses nouvelles leur ont enlevé tout prestige et toute autorité sur leurs lecteurs — ils tombent rapidement dans le discrédit et l'impuissance, ne se font plus craindre de personne, et dispensent de plus en plus les gouvernements de la nécessité, où ils se croyaient autrefois, de les acheter pour mieux diriger l'opinion.

Il en serait de même des syndicats dont on a tant peur, si on leur reconnaissait la liberté qui leur est due, au lieu de chercher, en votant ou en refaisant des lois spéciales, à en entraver la multiplication et le fonctionnement. La loi qui les autorise, grâce à toutes les restrictions qu'elle leur impose, ne fait qu'augmenter leur prestige et leur force; en les diminuant en nombre, elle les renforce en puissance; elle les revêt d'une sorte d'estampille administrative; elle les consacre, même en les combattant; elle les rend d'autant plus redoutables qu'elle semble les craindre davantage.

Libres de se former en aussi grand nombre que ce soit, de s'agréger tous les citoyens qui voudraient en faire partie, de représenter tel ou tel intérêt, tel ou tel métier, ou même fraction de métier, ils perdraient en importance ce qu'ils gagneraient en quantité. Et même, ils en viendraient à se faire concurrence; à un syndicat radical un syndicat opportuniste s'opposerait; il y aurait, dans un cas de grève, le syndicat riche qui voudrait cesser le travail, et le syndicat des pères de famille qui consentirait à travailler, même à prix réduit; le syndicat des politiciens, dont le patron chercherait à se débarrasser, et le syndicat des ouvriers sérieux, auquel il consentirait toutes les concessions possibles.

Bien au contraire, les auteurs de la loi de 1884 n'ont accordé la liberté d'association aux syndicats, qu'avec des restrictions qui en rendent le fonctionnement difficile, et, par cela même, dangereux. Les ouvriers ne comprennent pas que ce droit primordial ait des bornes, et surtout des bornes si étroites, et s'irritent de ce qui, pour le gouvernement, semblait être une faveur. Ainsi, l'autorité s'arroge le droit d'exclure des syndicats certaines catégories de personnes, ce dont, en bonne justice, les syndiqués seuls devraient avoir à décider ; les conseils de gens étrangers à la profession peuvent, en effet, leur être de la plus grande utilité. Mais tout se tient dans l'application de ce grand principe de liberté : comment reconnaître ce droit d'association aux ouvriers, quand on s'obstine à le refuser aux Eglises? aux intérêts matériels, quand on le dénie aux consciences? Une loi équitable, complète, sur les Associations, ne pourra se faire que quand les Opportunistes se seront enfin résignés à admettre la dénonciation du Concordat et la suppression du budget des Cultes.

La liberté administrative, c'est-à-dire *la Décentralisation,* est non moins indispensable au Mutualisme. Il suffit de se rappeler ce que nous avons dit plus haut, à ce sujet, pour s'en convaincre ; le canton serait surtout le terrain tout préparé pour l'organisation de syndicats de consommation et même de production ; les intérêts connexes s'y rencontreraient avec d'autant plus de facilité, que les habitants y auraient déjà pris l'habitude de se grouper pour le succès de leurs entreprises, économiques et politiques. Chargés de s'administrer eux-mêmes, ils auraient contracté les aptitudes nécessaires pour cela : la connaissance des lois, l'indépendance d'esprit et l'énergie de la volonté.

La liberté commerciale n'aurait pas de moins heureux effets. D'abord, elle supprimerait les monopoles, à commencer par ceux de l'Etat, qui font une concurrence ruineuse à l'initiative individuelle, et cela, aux dépens de tous les contribuables, puisque c'est l'impôt qui alimente ces monopoles. Ajoutons que, comme nous l'avons déjà fait remarquer, l'Etat se refuse à laisser se former des syndicats parmi les ouvriers qu'il emploie.

D'ailleurs les douanes et les octrois, augmentant le prix des consommations ménagères, opèrent le même effet qu'un abaissement des salaires, et rendent souvent impossible cet effort, déjà difficile, d'économies quotidiennes qui est, pour l'ouvrier, la base même et le moyen pratique de son affranchissement par lui-même.

Et en effet, s'il est relativement facile d'économiser sur son superflu, il est matériellement impossible d'économiser sur le nécessaire. D'où il suit que, dans un système économique qui proscrit l'intervention de l'Etat, autrement que comme consécrateur et conservateur des droits particuliers, et qui laisse à chacun, isolé ou groupé à son gré, le soin d'améliorer sa situation personnelle par son travail et sa prévoyance, le premier souci des gouvernants doit être de rendre le travail et l'économie aussi faciles qu'il se pourra à tous les citoyens ; c'est-à-dire d'éviter tous les impôts qui grèvent la consommation des objets de première nécessité.

Les impôts indirects sont tous dans ce cas. De plus, ils ont l'inconvénient de frapper non les choses, mais les personnes : ils sont personnels, et non réels, ce qui est exactement le contraire d'une bonne économie politique. Ils frappent la personne qui consomme, ce qui est le cas des octrois et des droits de douane. Ils frappent la personne qui fait des affaires ou qui contracte des obligations, comme le timbre et l'enregistrement. Et le tout très injustement et très inégalement, car ils se manifestent presque toujours par des droits fixes, ou au moins très insuffisamment proportionnels, qui frappent par conséquent plus fort sur le pauvre que sur le riche.

C'est pour tous ces motifs que le capital apparaît aux collectivistes comme l'obstacle à supprimer, ou plutôt, peut-être, comme le puissant instrument qu'il faut arracher des mains qui le détiennent. Et ils n'ont pas tout à fait tort, car sous les lois qui nous régissent, et qui toutes ont été faites par et pour les capitalistes, cet instrument, qui devrait servir à la diffusion de la richesse générale, tend, au contraire, à la concentrer au profit d'un petit nombre de privilégiés.

Les Constituants de 1789 l'avaient bien compris. Quand ils avaient résolu de faire porter tout particulièrement l'impôt sur la fortune immobilière, ce n'était pas seulement parce qu'elle leur apparaissait comme la représentation incontestable de la richesse; ils savaient bien aussi qu'elle était presque toujours la richesse acquise, réalisée, soustraite aux hasards du commerce et de l'industrie, capitalisée au profit de ceux qui, après avoir contribué, il est vrai, à l'accroissement de la richesse nationale, voulaient jouir en paix du fruit de leurs travaux. Et ainsi ils atteignaient le double but de frapper le capital immobilisé, et d'affranchir d'autant celui qui alimentait le travail et facilitait les transactions.

Revenir à ces principes, ce serait supprimer toutes les causes de mécontentement qui travaillent la société actuelle. Ce serait mieux encore peut-être, ce serait sauver la propriété menacée, et aux dépens de laquelle, on peut en être assuré, se fera la future révolution, même si on parvient à la rendre seulement économique, et non politique. Cette propriété, qu'on accuse de tous les maux et de toutes les injustices, a tout du moins le tort d'être privilégiée; lui faire payer la rançon des avantages qu'elle procure à ses possesseurs, ce serait en quelque façon la légitimer; les successifs dégrèvements d'impôt dont elle a profité, depuis un siècle, n'ont fait que justifier la haine dont elle est l'objet.

La propriété n'est pas de droit naturel, mais de droit social. Pour être maintenue, elle doit être utile, elle doit avoir sa raison d'être et sa justification; si non, elle mérite la réprobation à laquelle les communistes de tous les temps l'ont vouée, et n'est plus, en effet, qu'un privilège injuste, et par conséquent nuisible. Ses pires ennemis, encore bien qu'inconscients, sont ceux qui l'ont successivement dégrevée.

Enfin la liberté a encore cet avantage énorme, qu'elle est la meilleure garantie de la tranquillité publique et de l'ordre. On demande un gouvernement fort, pour mieux garantir la sécurité publique, et on l'aurait bien plus sûrement encore avec un gouvernement faible. J'entends un gouvernement auquel on attribuerait moins de fonctions, et qui disposerait de moins de faveurs. On ne saurait, en effet, se révolter contre un cas de force majeure, tandis qu'on s'indigne avec raison contre un préjudice causé par une administration quelconque. Le gouvernement de qui on attend le plus est sûr aussi de faire le plus de mécontents. Enfin, quand on attend tout de soi-même, et qu'on ne peut attribuer ses échecs à autrui, on devient, par la force même des choses, plus prudent, plus réfléchi, plus capable; on est d'autant plus apte à user de la liberté, qu'on en jouit plus pleinement et depuis plus longtemps.

Mais, en tout, la liberté offusque nos hommes d'Etat; ils ne comprennent même pas que le Collectivisme, et ses dérivés, ne sont nés que des atteintes qu'on lui porte aveuglément depuis cent ans. Si, au contraire, elle avait été respectée, et même étendue, pendant toute cette période, loin d'attendre son bien-être de l'Etat, loin de se résigner à obéir pour être plus sûr de manger, chaque homme, suivant ses impulsions naturelles, chercherait à assurer sa vie par ses efforts, et à devenir ce que les Constituants de 1789 voulaient faire de leurs descendants : les maîtres incontestés de leur propre destin.

Ainsi quand, pour justifier leurs théories, les protectionnistes prétendent que la misère vient de la surproduction, les socialistes applaudissent, et la masse ignorante se laisse persuader. Alors l'unique remède apparaît dans l'intervention des pouvoirs publics, qui seuls semblent en état de pouvoir régler administrativement cette production surabondante. Personne ne songe à se demander si la question n'a pas deux faces, et s'il ne vaudrait pas mieux, pour tout le monde, chercher à augmenter la consommation. Seulement pour cela, ce n'est pas la loi ou l'administration qu'il faut invoquer, c'est tout simplement la liberté. En réalité, chacun consomme le plus qu'il peut; et la production, quand elle est libre, et surtout quand elle sait qu'elle n'a à compter que sur elle-même, se règle naturellement sur la consommation.

Si elle n'était pas législativement favorisée, la surproduction n'existerait pas, puisque la production obéit à la demande, et s'arrête aussitôt que la demande cesse. Ce n'est pas elle, comme on le prétend, c'est la concurrence qui fait baisser le prix de vente des produits, et encore ne le peut-elle pas au-delà de la limite qui permet au producteur de vivre de son travail. C'est la concurrence qu'il faudrait supprimer pour assurer la persistance des salaires élevés ; or, la supprimer est impossible, et l'Etatisme lui-même ne la supprimerait pas.

Enfin dans ce renversement de tous les principes de liberté qui seuls tendent à faire des nations fortes, conscientes d'elles-mêmes, capables de se régir et surtout de se moraliser par la responsabilité, on voit s'affaiblir, et se détraquer presque, le rouage le plus essentiel de toute organisation sociale : *la Justice*. On se plaint de l'indulgence toujours croissante de la magistrature, et surtout du jury ; mais c'est un résultat tout naturel du désarroi dans lequel les plonge la manie légiférante des Chambres et du Gouvernement ; ils s'effacent, découragés, devant des pouvoirs publics qui semblent se substituer à eux, leur dicter par le menu leurs opinions et leurs arrêts. Sous un régime de liberté, avec un petit nombre de lois indispensables, s'appliquant à des cas généraux, et laissant aux tribunaux le droit légitime d'apprécier la gravité des délits, et surtout l'étendue des dommages causés à autrui ou à la société, on les verrait, relevés et stimulés par le sentiment de leur importance et la hauteur de leur devoir, réprimer, bien plus sûrement que ces lois innombrables, nécessairement incomplètes et contradictoires, les fraudes, les tromperies commerciales, les falsifications, les atteintes portées à la fortune, à la sécurité, à la santé et à la morale publiques.

---

# CONCLUSIONS

---

Certes, il serait désirable de connaître une combinaison qui permît de faire disparaître de la société humaine les inégalités douloureuses qu'elle comporte; inégalités dérivant de sa constitution même, car, quant à celles qui dérivent de causes naturelles, il est enfantin d'y penser, quoique certains utopistes ne s'en fassent pas faute.

Ces inégalités résultant de la constitution même de la société reçoivent parfois, et méritent presque toujours le nom d'*injustices*. Et c'est bien, en effet, à elles seules qu'il doit être appliqué. L'homme ne peut rien contre celles qui proviennent de la nature ; mais il a trop souvent créé, consciemment ou non, les autres, par les lois qu'il s'est données ou qu'il s'est laissé donner. Je ne saurais, sans forcer le sens des mots, déclarer la nature injuste, parce qu'elle m'aura créé manchot ou imbécile; on ne peut m'empêcher de déclarer injuste une loi de douane, ou un impôt mal réparti qui me condamnerait à mourir de faim.

Logiquement, la société ne devrait se donner, en fait de lois, que celles qui empêcheraient les injustices; elle devrait s'interdire, au contraire, d'en imaginer qui les créent ou les aggravent. Le but de cette association des hommes entre eux n'ayant visiblement été que de les rendre plus forts contre les éléments hostiles, plus assurés de leur nourriture et de leur sécurité, en un mot plus heureux que dans leur primitif état d'isolement et de barbarie, théoriquement il devrait être impossible, à quelque membre que ce soit de la société humaine, de manquer d'aliments, ou au moins de travail, de secours en cas d'accident ou de maladie, de pain et d'abri dans sa vieillesse.

Qui oserait dire que nous en soyons arrivés à ce point, je ne dirai même pas de perfection, mais d'équilibre social? A bien y regarder, on verrait au contraire que nous donnons, à cet égard, le spectacle des plus choquantes contradictions. La grande Révolution a posé des principes que, depuis cent ans, nous semblons méconnaître et violer de parti-pris. Les détenteurs de la richesse ont tout fait pour s'en réserver les profits, et même, par une inconséquence dont ils commencent peut-être à ressentir les funestes effets, pour mieux détourner les pensées du peuple des réformes économiques, ils lui ont, à chaque révolution nouvelle, jeté, comme un dérivatif, quelque réforme politique; jusqu'au point de lui remettre entre les mains, par le suffrage universel, la toute-puissance législative, dont, par bonheur pour eux, il n'a pas encore, faute d'entente et de science pratique, su se servir, même dans son propre intérêt. Quoi qu'il en soit, la société est encore si imparfaite, qu'elle offre aux yeux cette singulière anomalie de citoyens à qui on a donné le droit souverain de vote, avant de leur assurer les moyens de vivre en travaillant. Quel étrange souverain que celui qui est exposé à mourir de faim!

Il est donc de toute évidence que la société actuelle n'a pas encore atteint un juste équilibre, bien qu'il serait faux de nier qu'elle ait déjà fait des efforts pour y arriver, et que son état général s'améliore avec les siècles. Mais, plus la civilisation progresse, et plus l'écart, entre le but poursuivi et les résultats obtenus, apparaît inacceptable à des esprits de plus en plus éclairés et perspicaces; et c'est de là que vient ce mouvement, si général aujourd'hui, qui tend à réformer la société humaine, et qui, par cela même, se désigne sous le nom de Socialisme. Tout le monde, plus ou moins, est socialiste, ou prétend l'être; ce qui vient de ce que tout le monde sent que la société a besoin d'être réformée.

Mais, de bonne foi, peut-on espérer que, pour réaliser cette réforme, on changera complètement la nature de l'homme? Tout prouve au contraire que, depuis qu'il a fondé des sociétés, il a constamment évolué conformément à cette nature, et que c'est dans le même sens seulement qu'il pourra continuer son évolution. Fatalement il réagirait, plus ou moins promptement, contre toute organisation sociale qui le forcerait à vivre contrairement à ses aptitudes natives, à son tempérament, à ses besoins, à ses aspirations naturelles.

On peut greffer un pêcher sur un autre pêcher,

sur un amandier même ou un prunier ; on ne le fera jamais reprendre sur un pommier ou un poirier. Cela ne veut pas dire que l'homme ne puisse jamais modifier sa nature, mais qu'il ne peut la modifier que dans un certain sens. Ajoutons que, en aucun cas, cette nature ne se modifierait d'un coup, sans gradation, sans préparation, ou même sans intermittence.

Or, l'homme a exactement la même organisation physique que les animaux, et, comme eux, il apporte en naissant un sens qui domine tous les autres, et qui assure la durée de sa vie : le sens de la conservation personnelle. C'est de ce sens que dérive le sentiment du *moi*, que, dans le langage courant, on nomme l'Egoïsme..... principalement quand on le constate chez les autres.

Mais l'homme a, de plus que l'animal, l'intelligence, ou tout simplement peut-être une faculté, le langage, qui lui a permis de développer son intelligence plus que les animaux qui, aux yeux de bien des observateurs, en ont une également, au moins dans les espèces supérieures (1). Quoi

(1) Voir *Morale et Religion*, p. 98 (Paris, Fischbacher).

qu'il en soit, et quelle qu'en soit l'origine, cette intelligence de l'homme le rend conscient de son *moi*, tandis que les animaux ne le ressentent que confusément ; il raisonne son *moi*, et parfois même le gouverne, tandis que les animaux lui obéissent aveuglément.

De là lui est venu un attribut spécial, qui le différencie de tous les êtres vivants : *la Volonté*. Les autres sont déterminés à agir par leurs instincts, leurs besoins, les impressions extérieures ; l'homme seul peut réagir contre ces divers mobiles, en dominer les impulsions, et même *vouloir* s'en affranchir. Et cela est si vrai, que cette volonté n'est pas, à proprement parler, l'apanage de tous les hommes, quoique tous y aspirent, et même se vantent de la posséder, tandis que, seule, l'élite de la race humaine en jouit, et que même elle croît avec l'intelligence, l'instruction, la moralité de chaque homme.

L'homme la sent en lui, mais ne s'en rend pas toujours compte. Ce dont il se vante le plus, ce à quoi il tient le plus, c'est sa liberté. Ce qui est la même chose sous un autre nom. Vouloir c'est être libre. Que peut bien être la volonté d'un esclave? Et même, c'est sa volonté que l'homme primitif dégageait, en dégageant sa liberté;

quand la science l'affranchissait du joug des forces naturelles; quand le travail le rendait l'égal de son maître d'hier; quand une révolution lui donnait le rang de citoyen, à chaque fois que sa liberté grandissait, sa volonté acquérait une nouvelle force, un nouveau champ d'action, et, par l'union de ces deux puissances morales, il devenait ce que nous avons nommé un *Individu.*

Ainsi, il est incontestable que le progrès de l'humanité consiste dans l'accroissement du nombre des *Individus.* Donc c'est l'Individualisme qui est la véritable base de la société humaine. Tout ce que l'Etat perd en importance et en autorité, c'est l'Individualisme qui le gagne. Car il ne faut pas oublier que l'Etat, pure abstraction, est toujours représenté par un ou plusieurs Individus, ayant nécessairement chacun leurs intérêts, leurs passions, leurs volontés ; que l'Etat est d'autant plus fort qu'il est représenté par un moindre nombre d'Individus; et que l'Idéal social consisterait à faire participer tous les citoyens au gouvernement, autrement dit à en faire des *Individus.* Ce qui est la vraie Démocratie.

Mais on ne peut passer instantanément d'un

extrême à l'autre, de Rien à Tout. Ce n'est que peu à peu que cet affranchissement des hommes s'opère, dans la société de moins en moins despotique. Il se forme d'abord des groupes autonomes, dirigés par les plus capables, au sein desquels chaque membre trouve, contre l'Etat, la protection qu'il ne saurait se procurer isolément. Les groupes deviennent ensuite de plus en plus petits, et, par suite, le nombre des directeurs de groupe de plus en plus considérable. Ces groupes, en se divisant, se donnent des missions de plus en plus spéciales, et protègent ainsi des intérêts de plus en plus multiples. Quand le Roi était tout-puissant, il comptait, à la vérité, avec la noblesse, avec le clergé, la magistrature, les corporations ; mais aujourd'hui des milliers de syndicats donnent déjà au gouvernement des avis, et bientôt ils donneront des mandats impératifs aux législateurs.

C'est bien là une preuve que l'homme, dans l'évolution qu'il accomplit en tant que membre de la société humaine, continue à obéir aux mêmes mobiles naturels que dans son état primitif et sauvage : le sens de la conservation personnelle, la conquête de sa liberté, l'affranchissement de sa volonté. Tout état social qui serait contraire à ces idées est condamné à l'avance, et ne saurait d'ailleurs durer, au cas où un entraînement irréfléchi serait parvenu à l'établir.

L'Etatisme, le Protectionnisme, le Communisme, et même le Collectivisme qui n'est qu'un Communisme soi-disant scientifique, sont dans ce cas. Ils tendent à asservir la volonté humaine, au lieu de l'affranchir, et à ramener la société aux temps préhistoriques, au patriarcat, à la promiscuité. Comment croire que l'homme consente à rétrograder à ce point? Jamais il ne renoncera aux conquêtes déjà réalisées. On pourra le tromper momentanément, lui faire croire qu'il conservera son libre-arbitre dans une société despotiquement réglée par quelques ambitieux, ou quelques rêveurs; mais dès qu'il verra son indépendance compromise et sa volonté paralysée, il ne tardera pas à se reprendre; et, même si, contre toute logique, sa situation matérielle se trouvait améliorée, à renoncer à un bien-être si chèrement payé.

C'est ce qu'on ne saurait trop répéter aux ouvriers. Malheureusement, depuis quelque temps, les radicaux font fausse route : ils s'allient au Socialisme, espérant profiter de son influence sur les masses, et croyant pouvoir s'arrêter à temps sur cette pente glissante; ils ont abandonné pour cela des projets de réforme plus modestes, mais plus pratiques : suppression des impôts indirects, des frais de justice, des monopoles, de la centralisation administrative. Les vrais amis des ouvriers ne devraient leur conseiller, ou leur promettre, que des choses possibles et avantageuses. L'Etatisme semble être la formule socialiste actuelle; mais ce n'est qu'un prélude, une préface, un acheminement vers le Collectivisme. Le Collectivisme tuera toute initiative, toute recherche, tout progrès, et ruinera rapidement tous les peuples qui l'auront appliqué, au profit de ceux qui s'en seront prudemment défiés; ou, dans un même peuple, réduira à la misère les groupes isolés qui en auront fait l'essai.

Mais si les ouvriers des villes se laissent séduire à ce système, et n'en veulent voir que les beaux côtés, c'est-à-dire une plus juste et une plus égale répartition des profits de l'industrie, il est bien douteux que le paysan l'accepte avec autant de facilité. Ceux qui l'ont vu de près, et attentivement étudié, le savent profondément individualiste. Certes il écoutera volontiers quiconque lui promettra une part meilleure dans la répartition de la richesse générale; mais, si peu qu'il possède lui-même, il ne consentira jamais à apporter son propre bien à la masse, en vue d'un partage ultérieur dont il ne connaîtrait pas très exactement les conditions.

Les collectivistes prétendent que l'Individualisme, et l'Egoïsme, qui en est l'essence, sont les produits de la civilisation; nous avons, au contraire, démontré clairement que l'Egoïsme est naturel, et même nécessaire à tout être vivant, que l'association des hommes entre eux a exigé le sacrifice d'une partie de cet égoïsme, et que, plus la société humaine se perfectionnait, plus le souci de l'intérêt général se substituait, dans le cœur de chaque homme, à son intérêt particulier.

C'est sans doute parce qu'il vit plus isolé, parce qu'il est moins avancé en civilisation, que le paysan est resté plus individualiste que l'habitant des villes. Ce qu'il y a de sûr, c'est qu'il montre, en toutes choses, moins de préoccupation des autres et de leur opinion. Il n'a nul souci des *convenances*, laisse plus aisément voir ce qu'il pense, et montre ainsi qu'il ne pense presque exclusivement qu'à lui-même.

Les liens de famille sont également chez lui plus relâchés. Les deuils, au village, sont plus courts qu'ailleurs, souvent même on s'en dispense par économie. On y danse parfois presque au sortir d'un enterrement. Les parents les plus proches se brouillent irrévocablement pour des questions d'intérêt. On y voit des pères refuser leur consentement au mariage d'un enfant, pour se dispenser de lui donner une dot ou un trousseau.

Les femmes pourtant, comme partout, y subissent, plus que les hommes, les influences du foyer familial; la mère est moins brutalement individualiste que le père. Mais, quant à ce qui concerne le petit bien acquis à force de travail et de privations, on peut être sûr qu'elles se montreraient plus intraitables encore que les hommes pour le conserver; car, dans ce cas, l'intérêt même de leurs héritiers se confondrait avec leur intérêt propre. Les femmes seront les plus redoutables adversaires des collectivistes, le jour où ils voudront appliquer leurs théories dans les campagnes.

Et pourtant nous n'avons pas dissimulé les vices de la société actuelle; si l'Individualisme y est la règle, s'il en a déterminé le progrès, c'est probablement lui aussi qui a rendu ce progrès si lent et si incomplet. Puisque la société implique une atténuation de l'égoïsme primitif, une évolution de l'égoïsme à l'altruisme, on peut dire, non sans raison, que l'Individualisme pur ne satisfait pas à ce besoin, et ne saurait être accepté comme la règle immuable du présent, et l'idéal de l'avenir.

De là vient que des esprits simplistes, ou insuffisamment éclairés, cherchent dans le Collectivisme une orientation plus conforme, en apparence, à ce sentiment universel qui pousse tous les hommes de cœur à effacer les injustices sociales, à assurer au moins la vie matérielle à tous les membres de la société, et qui se traduit, dans les programmes, dans les systèmes, dans les appels à l'altruisme, par les deux mots, souvent si mal compris et si mal appliqués, de *Fraternité* et de *Solidarité*.

Mais le Collectivisme — et ses dérivés, l'Etatisme, le Protectionnisme — part d'une base fausse. Il méconnaît la nature originelle de l'homme. Il croit pouvoir le modifier à son gré, et le faire évoluer dans un sens contraire à celui qu'il a toujours, inconsciemment et fatalement, suivi. Tandis que l'homme a constamment tendu à accroître sa liberté et sa volonté, il veut le soumettre à des règles immuables, et semblables pour tous indistinctement ; tandis que le progrès de la société humaine nous la montre tendant à augmenter sans cesse le nombre des *Individus,* et à les égaler les uns aux autres, dans le plus complet épanouissement de leurs facultés morales et intellectuelles, le Collectivisme les veut égaux dans la servitude, sous la direction de quelques-uns, qui seuls mériteront le titre d'*Individus,* au-dessus de la masse obéissante et dispensée de chercher, d'améliorer, de penser.

Et non seulement il fait ainsi rétrograder la société humaine, mais encore il la ruine ; non seulement il lui enlève les stimulants qui provoquaient en elle l'effort et la volonté, mais encore il risque de la priver de toutes les satisfactions intellectuelles qui exigent du loisir et de l'émulation : de la science pure, des arts, et même du luxe, qui provoque à la fois les facultés cérébrales de celui qui en jouit, et de celui qui l'invente et le crée.

Car il n'y a pas d'illusion à se faire. D'une part, les collectivistes avouent que le Communisme absolu est leur but final. De l'autre, nous croyons l'avoir démontré, l'Etatisme et le Protectionnisme ne sont que des acheminements vers le Collectivisme, et, consciemment ou non, en préparent à coup sûr l'avènement.

Alors on en arrive fatalement à cette conclusion : D'où vient le mal ? Quels sont les plus dangereux de ces empiriques qui affirment que la vérité est avec eux ? Les collectivistes ? Non. Tout démontre que, présentée aux peuples sans voile et sans détours, leur doctrine froisserait à tel point leurs instincts primordiaux, qu'elle n'aurait aucune chance d'être adoptée, ou, en mettant les choses au pire, de résister au premier essai d'application. Mais bien assurément les étatistes — ou protectionnistes, ce qui est identique, — car les vieilles habitudes monarchique, encore vivaces, les favorisent, en ce sens que devoir à l'Etat, à l'action des pouvoirs publics l'amélioration de son sort, nous paraît encore plus commode, et plus enviable, que de la demander à la libre action de notre énergie personnelle et à l'accroissement de nos facultés physiques, intellectuelles et morales ; et que, par surcroît, nous sommes encore incapables, pour la plupart, de discerner les implacables incidences de ces mesures qui consacrent, au lieu de les atténuer, les injustices sociales dont nous souffrons.

Seulement, — et c'est ce qu'il faut bien constater — l'Etatisme conduit inévitablement au Collectivisme. Que ceux qui y répugnent le sachent, et qu'ils cessent d'en préparer l'avènement ; pour cela il faut renoncer à la protection, aux monopoles, aux privilèges de toutes sortes ; il faut en revenir aux principes de 1789, demander l'impôt à la richesse, et non à la consommation, et, par dessus tout, abandonner les avantages apparents de la centralisation administrative, afin de laisser le plus libre essor possible à toutes les bonnes volontés, à toutes les intelligences, à toutes les *Individualités*.

Or, ni les étatistes ni les collectivistes ne veulent entendre parler de décentralisation ; comment pourraient-ils, dans un pays rempli de petites agglomérations autonomes, éclairées par l'usage de la liberté, conscientes de leurs vrais intérêts, imposer à tous ces règles implacablement uniformes, sur lesquelles ils comptent pour faire triompher leurs utopies ?

Les syndicats qu'ils ont demandés, qu'ils ont créés pour s'en faire des moyens d'action politiques, et des centres de propagande, les syndicats sont précisément le germe de ce qui doit se substituer à eux, c'est-à-dire du

*Mutualisme.* Heureuse transaction entre le Collectivisme et l'Individualisme, unissant ceux que l'Individualisme risque de diviser, affranchissant ceux que le Collectivisme médite d'asservir. Dans ces syndicats, quand ils auront appris à se borner aux intérêts économiques, et qu'ils auront cessé d'être des comités électoraux, viendront se grouper, se solidariser, en vue d'une action définie, ouvriers ou petits producteurs de tel ou tel état, de telle ou telle région, laboureurs, jardiniers ou vignerons, multipliant leurs forces et leur crédit, tout en y conservant la libre disposition de leurs outils, de leurs capitaux et de leurs propriétés.

Et, encore une fois, ce ne sera pas là du Collectivisme. C'est facile à démontrer. Supposons une Société de secours mutuels communale, cantonale même peut-être. Chaque membre reste libre, non seulement d'y entrer et d'en sortir à son gré, mais encore de choisir en connaissance de cause les administrateurs, d'assister aux réunions générales pour y contrôler leur gestion ; il est, dans toute la force du terme, un Associé.

Que si cette caisse de secours devenait nationale, et surtout obligatoire, chaque membre se trouverait perdu dans la masse ; ni son vote ne serait conscient, ni son contrôle effectif ; une commission administrative, même nommée par le suffrage de tous, serait composée de membres non connus de tous ; les décisions, parties du centre, devraient être exécutées sans réserve, sous peine de désarroi de toute la machine ; la part de chacun, dans un partage commun, serait déterminée arbitrairement, ou du moins il aurait le droit de le craindre. Il ne serait plus un *associé,* mais un *sujet.*

Dans le premier cas, c'est du *Mutualisme,* et du *Collectivisme* dans le second.

En résumé, nous avons cherché à démontrer que l'Individualisme était le régime économique grâce auquel un plus grand nombre d'*Individus* s'élevaient au-dessus de la foule inconsciente, et devenaient capables de contribuer, en quelque mesure, au progrès général de l'humanité ;

Que le Collectivisme, au contraire, aurait pour résultat fatal de courber, sous un joug commun, la plupart des hommes, en les désintéressant, grâce à un bien-être qu'il prétend assuré, de tout effort personnel ;

Que, visiblement, la nature de l'homme et ses

origines le poussent à la lutte, au développement, en vue de sa sécurité, de toutes ses facultés physiques et intellectuelles;

Et qu'enfin, quel que soit l'avenir réservé à la race humaine, le Mutualisme lui offrait, pour le moment, une conciliation très praticable entre ces deux systèmes, en ce sens que, groupés volontairement et dans un but déterminé, les *Individus* se développeraient à l'abri les uns des autres, et se défendraient plus aisément contre le despotisme de la collectivité.

Peut-être, il est vrai, n'ira-t-on pas jusqu'au Communisme pur; mais dût-on s'arrêter à l'Etatisme, son application intégrale suffirait à ruiner une société, et c'est le Mutualisme qui se présente comme une étape bienfaisante, un temps d'arrêt sur cette pente fatale où nous sommes entraînés.

Un dernier mot. Tous les sectaires ont visé l'Absolu. Si toutes les religions ont eu la prétention de détenir et d'enseigner la vérité absolue, les doctrines socialistes, qui tendent à les remplacer, annoncent aux peuples le bonheur absolu.

Encore bien que l'esprit de l'homme soit incapable de concevoir et d'exprimer l'Absolu, il serait peut-être possible de démontrer que le bonheur absolu ne peut exister.

Cet Univers, au sein duquel nous ne sommes qu'un point imperceptible, dont nous ignorons l'étendue, dont nous ne saurions préciser le commencement et la fin — si même il a eu un commencement et doit avoir une fin — l'Univers nous apparaît, dans ce que nous en pouvons deviner, comme un immense organisme en perpétuelle évolution.

Les astres semblent s'attirer et se repousser constamment pour se maintenir en équilibre; les minéraux, que nous supposons dissemblables, ne cessent de s'associer et de se dissocier sous l'action de forces inconnues; les êtres que nous appelons organisés nous apparaissent en transformation continue, en vue d'une amélioration incessante.

Ainsi le mouvement est la loi universelle, et nous ne saurions nous figurer le Monde parvenu à la perfection absolue, figé dans un éternel équilibre, dépourvu d'action, de chaleur, et nécessairement de vie.

Et pourtant, atomes perdus dans cette immensité dont nous faisons partie, et dont nous ne pouvons pas ne pas suivre les lois, nous osons assigner un terme à notre petite évolution particulière, nous rêvons pour notre infime société une perfection qui serait l'arrêt de sa force vive, la suppression de sa raison d'être et sa fin dans une éternelle immobilité.

La Perfection c'est l'Immobilité, et l'Immobilité c'est la Mort.

Résignons-nous donc à respecter les lois inéluctables de la nature, en dehors desquelles nous ne saurions rien constituer de solide et de durable. Continuons à travailler à ce perfectionnement des Individus, dont les hommes de tous les pays et de tous les temps nous ont légué le salutaire exemple. Unissons-nous, pour cela, en groupes solidaires, ayant un but précis, des intérêts communs et bien définis; assez nombreux pour se faire écouter et respecter, assez étroits pour que la personnalité de chacun des Associés y reste entière. Sachons préférer, même à des satisfactions matérielles — du reste bien hypothétiques — la jouissance intégrale de notre liberté et de notre volonté.

FIN

# TABLE DES MATIÈRES

TROISIÈME PARTIE : LES DÉDUCTIONS.



Senlis. — Imp. Nouvian.

## Librairie Fischbacher.

---

**LA RÉPUBLIQUE UTILE**, Etude de la Question sociale, par E. Thirion. Un volume in-18.... 2 fr.

I. Y a-t-il une Question sociale? — II. La Propriété est la garantie de la Liberté. — III. Evolution ou Révolution. — IV. Le Salariat. — V. La Coopération. — VI. Le Crédit populaire. — VII. Ce que l'on doit faire. — VIII. L'Origine du Mal. — IX. Individualisme et Collectivisme. — X. Réformes administratives. — XI. Réformes judiciaires. — XII, XIII, XIV. Réformes fiscales. — Conclusions.

**MORALE ET RELIGION**, par E. Thirion. Un volume in-18 jésus.................. 3 fr. 50

I. La Morale religieuse. — II. Les Idées innées. — III. La Morale humaine. — IV. Le Langage et la Pensée. — V. L'Idée de Dieu. — VI. La Philosophie. — VII. La Psychologie. — VIII. La Morale est perfectible. — IX. Origine et développement du Moi. — X. L'Individualisme. — XI. Egoïsme et Altruisme. — XII. La Morale issue du Moi. — XIII. L'Altruisme est un Egoïsme raisonné. — XIV. Liberté, Responsabilité. — XV. La Conscience. — XVI. Remords, Obligation, Sanction. — XVII. L'Idéal.

Sceaux. — Imp. Neuvian.

www.ingramcontent.com/pod-product-compliance
Ingram Content Group UK Ltd.
Pitfield, Milton Keynes, MK11 3LW, UK
UKHW012008240726
13965UKWH00001B/238

9 782013 656610